HESSEN VOM BESTEN

UND DAS GLEICH
200
MAL

Sie wollen ein Picknick auf dem Lande machen und wissen nicht, wo? Sie sind frisch verliebt und wollen ein romantisches Wochenende auf einem Schloß verbringen? Sie würden zu gerne einmal Drachenfliegen und möchten wissen, wie? Alles kein Problem: Wir sagen Ihnen, wo, was, wann und wie teuer. Denn vor Ihnen liegt ein brandneuer Hessen-Führer. Ganz Hessen auf einen Blick - und immer nur vom Besten. Wandern, Sport, Kunst, Nachtleben, Kultur, Freizeit, Gastronomie: HESSEN VOM BESTEN bietet für jeden Geschmack etwas und immer das Richtige. Denn für Sie haben wir die jeweils zehn besten Adressen ausgewählt. Die zehn besten Theater, die zehn schönsten Badeseen, die zehn romantischsten Schloßhotels, die zehn aufregendsten Sportarten, die zehn angesagtesten Musikclubs und Diskotheken, die zehn interessantesten Museen, die zehn Spitzen-Restaurants, die zehn schönsten Bootstouren, und, und, und – natürlich alles mit Preisen, Anfahrtswegen, Öffnungszeiten und geschätzter Fahrtzeit.
Mit HESSEN VOM BESTEN erleben Sie Hessen von seiner allerbesten Seite.

Dies ist ein Hessen-Führer, der Ihnen Hessen wirklich nahe bringen will. Der Ihnen Tips gibt, ohne gleich alles vorwegzunehmen.
HESSEN VOM BESTEN ist keine Nachtlektüre, sondern ein Ideenbuch zum Aussuchen und Ausprobieren. Wir haben Ihnen die Qual der Wahl erleichtert. Und präsentieren Ihnen dafür umso mehr Möglichkeiten, an einem Wochenende oder einen Urlaubstag etwas Besonderes zu unternehmen: mit Ihren Kindern oder Gästen, zu zweit oder zu mehreren – übersichtlich in HESSEN VOM BESTEN, einer Edition der Rhein-Main-Illustrierten JOURNAL FRANKFURT.

Das Beste von Hessen – eine Ballonfahrt in Cölbe. Ein Picknick im Englischen Garten im Odenwald. Eine historische Kutschfahrt in Lohfelden. Mit HESSEN VOM BESTEN können Sie auf Entdeckungsreise gehen. Um Kurioses und Berühmtes, Spannendes und Überraschendes, Idyllisches und Aufregendes, Einzigartiges und Außergewöhnliches zu erleben.
Auf Ihre Anregungen sind wir besonders gespannt. Wenn wir etwas übersehen haben, wenn Ihnen etwas noch besseres einfällt – schreiben Sie uns.
Dann setzen wir HESSEN VOM BESTEN Sommer für Sommer fort.
Denn HESSEN VOM BESTEN wird immer aktuell sein.

Viel Spaß beim Lesen
- und noch mehr Spaß beim Reisen

wünscht die Redaktion.

ISBN 3-928789-00-7

INHALT

HESSENS TOP-TEN

Dörfer und Idyllen 8
Wo Hessen am schönsten ist

Hessen für Gäste 12
Wo Ihre Gäste hinwollen

Wander-Touren 16
Wo Hessen am reizvollsten zu Fuß ist

Rad-Touren 22
Wo Hessen am liebsten im Sattel sitzt

Sport-Touren 28
Wo Sie Hessens aufregenste Sportarten erleben

Bootstouren 36
Wo man auf See und Fluß am besten fährt

Badeseen 40
Wo die Hessen baden gehen

Erlebnisbäder 44
Wo es das schönste Schwimmgenügen gibt

Picknick 48
Wo Hessen ins Grüne zieht

Kinder 52
Wo Kinder ihren größten Spaß haben

Volksfeste 56
Wo Hessen am besten feiert

Die 10

– größten Waldbezirke	15
– teuersten Wohngebiete	43
– reichsten Hessen	67
– leckersten Spezialitäten	75
– berühmtesten Hessen	89
– ältesten Fachwerkhäuser	93

Werksbesichtigungen — 60
Wo man Hessen über die Schulter schaut

Schloßhotels — 64
Wo man in den schönsten Betten träumt

Die besten Restaurants — 68
Wo Hessens Meisterköche zaubern

Landgasthöfe — 72
Wo man urig und gut bewirtet wird

Weingüter — 76
Wo der beste Wein herkommt

Discos und Musikclubs — 82
Wo die Nacht zum Tag wird

Bühnen — 86
Wo Hessen das schönste Theater macht

Museen — 90
Wo Hessens beste Kunst hängt

Kirchen — 94
Wo die schönsten Kirchen stehen

Hessenkarte	6
Ortsregister	98
Impressum	98

F 60 min; Wi 45 min; Fu 135 min; Ka 150 min; Gi 60 min; Da 90 min. → **Geschätzte Fahrtzeit:** Die Uhr zeigt Ihnen die ungefähre Fahrtzeit mit dem PKW in Minuten: F = ab Frankfurt, Wi = ab Wiesbaden, Fu = ab Fulda, Ka = ab Kassel, Gi = ab Gießen, Da = ab Darmstadt.

3 hr1234

Hessischer Rundfunk

100 Programm-stundentag

vom Besten für Hessen

Dörfer & Idyllen

Die 10 schönsten Dörfer und Idyllen

1. **Der Englische Garten im Odenwald** Zum Verlaufen schön
2. **Der Meißner** Das weiße Gewand der Frau Holle
3. **Die Kubacher Kristallhöhle** Im Rausch der Tiefe
4. **Der Hessenpark** Folklore, Disneyland oder mehr?
5. **Die Doline Rockensüß** In voller Blüte
6. **Italien in Hessen** Der Vogelsberg als Lombardei
7. **Champignonzucht Freiensehen** Im Tunnel wächst was
8. **Eine echte Räuberhöhle** Räuber Leichtweis auf dem Neroberg
9. **Die Bonifatiusquelle** Das Geheimnis des versiegenden Wassers
10. **Fischbachtal im Odenwald** »Rimdidim« oder zur Schönen Aussicht

Manches liegt in Hessen tief versteckt, Idyllen in der Einsamkeit, weitgehend unbehelligt von Touristen. Hinter mancher Biegung verbirgt sich oft Unerklärliches und Mysteriöses, anregend Seltsames und überraschend Seltenes.

Von Carmen Mehnert (Text) und Falk Orth (Fotos)

Der Englische Garten im Odenwald

Zum Verlaufen schön

Nicht zu verwechseln mit dem Englischen Garten in München, auch wenn er von dem gleichen Landschaftsgärtner, dem Mainzer Hofgärtner Ludwig von Sckell gestaltet wurde. Der östlich von Michelstadt gelegene Englische Garten Eulenbach wurde 1802 auf Wunsch des Odenwälder Landgrafen Franz I. zu Erbach angelegt. Die vom Grafen eigenhändig ausgegrabenen archäologischen Fundstücke, die hier zu sehen sind, stammen aus der Römerzeit. Botanische Besonderheiten sind exotische Bäume und künstliche Teiche. Ganz etwas besonderes ist die Eberhardsburger-Ruine, die aus Teilen anderer alter Burgen und Kapellen zusammengesetzt wurde. Will man sich in der großzügigen Gartenanlage nicht verlaufen, sollte man den grünen Wegweisern nachgehen, die einen anderthalbstündigen Rundgang anzeigen. Der Weg beginnt bei den Ausgrabungen aus der Römerzeit (z.B. Grabsteine römischer Legionäre aus dem 2. Jh.), dann führt er an Gräbern der Grafenfamilie vorbei zu Tiergehegen. Und weiter zu einem Teich, oberhalb dessen sich die Burgruine befindet. Den Hunger danach stillt man vorzüglich im Forsthaus Eulbach direkt am Parkplatz.
Über Dieburg und Bad König bis Michelstadt. Dann auf die B 47 in Richtung Amorbach, Abzweigung Eulbach.
🕐 *F 75 min; Wi 75 min; Fu 120 min; Ka 180 min; Gi 100 min; Da 45 min*

Verschleiert wie im Gewand der Frau Holle: der märchenhafter Meißner.

Der Meißner

Frau Holle, Frau Holle

Der Schnee liegt hier öfter und länger – vielleicht deshalb hat das Märchen von Frau Holle auf dem Meißner, dem größten Basaltmassiv Nordhessens, hier seinen Ursprung. 754 Meter hoch ist die höchste Erhebung, die Kasseler Kuppe, ein Ausflugsziel mit Parkplätzen, Wanderwegen und Skipisten. Von dort hat man einen wunderbaren Panoramablick über das ganze Land. Der Naturpark Meißner-Kaufunger Wald besitzt dazu eine ganz besonders märchenhafte Attraktion: den »Frau-Holle-Teich«. 300 Jahre lang trägt er schon diesen Namen und liegt wunderschön: Am sumpfigen Waldrand wächst das Wollgras, das im Frühling wie Wattebäusche aussieht. Die Wiesen des Wollgrases heißen Weiberhemd, das Gewand der Frau Holle, das im Winter weiß gefriert und im Frühling weiß erblüht. Überhaupt ist die Vegetation des Meißners bedeutungsvoll: seltene Gebirgsflora und subarktische Pflanzenarten, Relikte zum Teil noch aus der Eiszeit. In den Mischwäldern drumherum leben sogar – harmlose – Wildkatzen. Ein märchenhafter Ort für lange und ausgedehnte Spaziergänge.

Anfahrt: Von Kassel aus die B 7 nach Hessisch-Lichtenau und weiter Richtung Eschwege. Bei Küchen links ab Richtung Hausen und weiter bis nach Vockerode. Hier beginnt das Erhoolnungsgebiet Hoher Meißner.

🕐 *F 150 min; Wi 180 min; Fu 120 min; Ka 60 min; Gi 120 min; Da 180 min.*

Die Kubacher Kristallhöhle

Im Rausch der Tiefe

Mit 30 Metern hat sie die höchste Halle aller deutschen Schauhöhlen und wird jährlich von 60 000 Menschen besucht. Siebzig Meter geht es hinab, vorbei an 350 Millionen Jahre altem Kalkgestein, unzähligen Kristallen und Perltropfsteinen. Kleine Seen wurden künstlich angelegt, um die Luftfeuchtigkeit bei 85% zu halten –

die Kristalle würden sonst austrocknen. Sachkundige Führer des Höhlenvereins Kubach erläutern Gestein und Geschichte, während so manches Kind aufrecht trotzig fragt: »Papi, hast du Angst?« Das Licht der Scheinwerfer wirft Schatten in düstere Ecken und finstere Felsnischen. Im unteren Teil der Höhle hängen die Felsen tiefer; der Kopf des Besuchers wird mit einem Helm geschützt. Im Sommer empfiehlt sich das Mitnehmen einer leichten Jacke, da die Temperatur in der Höhle nur 9 Grad beträgt. Erst 1974 wurde die Kristallhöhle entdeckt, eigentlich wiederentdeckt. Sie geriet, nachdem Bergleute schon im 19. Jahrhundert in ihr nach Schätzen gesucht haben, schlicht in Vergessenheit. Neben dem Einstieg über 455 Stufen befindet sich ein Kiosk mit Erfrischungen und ein Freilichtmuseum, das eine Übersicht über die verschiedensten Gesteinsarten der Jahrmillionen gibt.
Geöffnet vom 1. April bis 31. Oktober: werktags 14-16 Uhr, Sa/So 10-17 Uhr. Eintritt 4,50 DM, für Schüler, Studenten 2,50 DM
Die Führung durch die Höhle dauert 45 Minuten.
Anfahrt: Bei Weilburg an der Lahn an der der B 49 zwischen Limburg und Wetzlar. In Weilburg den grüngelben Hinweisschildern folgen.

 F 60 min; Wi 60 min; Fu 100 min; Ka 120 min; Gi 30 min; Da 90 min.

Der Hessenpark

Folklore, Disneyland, oder mehr?

Das Freilichtmuseum Hessenpark bei Neu-Anspach ist konservierte Idylle: Historische Bauernhäuser aus ganz Hessen stehen hier zusammen und bilden ein »idealtypisches« Dorf, so, wie es im 18. und 19. Jahrhundert in Hessen ausgesehen haben könnte. Hinwegsehen kann man über die Tatsache, daß die Windmühlen aus Schleswig-Holstein und Niedersachsen stammen, hinwegsehen auch über die Bauaufsicht, die es verhinderte, daß die aus zahlreichen hessischen Dörfern zusammengetragenen Häuser allzu originalgetreu wiedererrichtet wurden. Denn man muß sie betreten dürfen, ohne Gefahr für Leib und Leben. Was akademisch gesehen kein ganz getreues Nachbild des alten Hessens mehr ist und dem Hessenpark

Champignons, soweit das Auge reicht: die Bunkerzucht in Freienseen.

den Vorwurf einbrachte, ein folkloristisches Disneyland zu sein. Aber weitaus unakademischer interessiert die Besucher die nostalgische Idylle der Ursprünglichkeit, die Schau traditioneller Handwerkskünste und die der Trachten. 300 000 Landliebhaber findet der Hessenpark im Jahr. Er wäre nur ein Häuserfriedhof, dürften die Menschen hier nichts betreten oder anfassen.
Neu-Anspach im Taunus, nördlich von Bad Homburg an der B 456. Eintritt 4 DM, ermäßigt 2 DM. Geöffnet täglich außer Montag 10-17 Uhr.

 F 30 min; Wi 45 min; Fu 120 min; Ka 100 min; Gi 45 min; Da 60 min

Die Doline Rockensüß

In voller Blüte

Orchideen in Hessen? Und das nicht etwa im Gewächshaus, sondern unter freiem Himmel? Im Richelsdorfer Gebirge ein alltäglicher Anblick. Der Grund ist der verwitterte Dolomit, auf dessen Kalkboden Orchideen prächtig gedeihen. Ein wahres Paradies finden die zarten Pflänzchen vor allem auf der 100 Meter breiten und 300 Meter langen Doline bei Cornberg-Rockensüß – an ihren stufigen, sonnenbeschienenen Hängen wachsen acht verschiedene Orchideen-Arten. Im Mai fängt die Blütenpracht an: das Männliche Knabenkraut, 20 bis 50 Zentimeter hoch, mit rosa bis violetten Blüten; das Dreizähnige Knabenkraut, 15 bis 40 Zentimeter hoch, mit halbkugeligen, weiß und rosa blühenden Blüten. Im Juni folgt dann der Fliegenragwurz, 15 bis 40 Zentimeter hoch, mit hellgrünen Blumenblättern und dreilappigen Blüten in einem dunkelrotbraunen Ton. Dazu kommt die Braunrote Stendelwurz Epipactis astrorubens, 20 bis 80 Zentimeter hoch. Rosa und lila blüht das bis zu ein Meter hohe Gefleckte Knabenkraut Dactylorhiza maculata. Bis in den August zu bewundern ist die Mückenhändelwurz Gymnadenia conopsea, bis zu 80 Zentimeter groß und ebenfalls violett. Alle diese seltenen Orchideenarten stehen unter Naturschutz – wer also seiner Liebsten eine schenken will, sollte diese doch lieber aus den Gewächshäusern Hollands holen.
Anfahrt: Die B 27 über Bad Hersfeld und Bebra Richtung Sontra. Vor Sontra in Cornberg links ab.

 F 120 min; Wi 150 min; Fu 60 min; Ka 60 min; Gi 90 min; Da 150 min

Italien in Hessen

Die Lombardei im Vogelsberg

Das hätte man in Hessen nicht vermutet, auch nicht am Rande des Vogelsbergs, das hätte man nie in einem Bauerndorf in einem Land der Fachwerkhäuser gesucht: italienische Gemütlichkeit, ein familiäres Dorfleben, eine Piazza, auf der noch spät abends der Bär los ist. Zahlreiche Cafés und Restaurants im Freien bestimmen ein entsprechend reges Dorfleben. Auch die Bewohner sind auffallend freundlicher und aufgeschlossener als anderswo, die Läden sind geschmackvoll eingerichtet, selbst ihre Kirche wirkt italienisch. Schotten heißt das hessische »Muster«-Dorf, das weniger etwas mit »Unser Dorf soll schöner werden« gemein hat, als einfach ein anderes Selbstverständnis von Dorfleben besitzt. Zahlreiche Ausländer wohnen hier, und nicht unbedingt Italiener, friedlich und zusammen mit den Ureinwohnern. Auch das ist eine Ausnahme in Hessen. Wer über Nacht bleibt, muß nicht fürchten, daß mit Sonnenuntergang die Bürgersteige hochgeklappt werden. Übernachten kann man beispielsweise in der Hotel-Pension »Zum Adler« an der Vogelsbergstraße 160 neben der DAK (Tel. 06044/2437): Hier findet das Kontrastprogramm statt – verblichene Gardinen und Plaste-und-Elaste-Design, doch alles wieder etwas deutscher. Aber: Morgens um 6.30 Uhr wird hier bereits ein heißes Gulaschsüppchen serviert. Das hat sogar Großstadtqualität.
Anfahrt: Autobahn A 45 Würzburg-Dortmund, Abfahrt Wölfersheim, noch 41 km. Ausschilderung nach Schotten über die B 455 folgen.

 F 75 min; Wi 100; Fu 45 min; Ka 90 min; Gi 45 min; Da 100 min.

Champignonzucht Freienseen

Ein Bunker will Frieden

Der erste Blick fällt auf eine Scheune; sie verbirgt einen

Tunnel, der kerzengerade in den Berg hineinführt und tief unter der Erde abrupt endet. Darin gedeihen großartige Champignons, ein Gaumen- und Augenschmaus für alle Feinschmecker, vor allem für Frühaufsteher: Zwischen 9 und 12 Uhr morgens gelangt man in in die kühlen, hohen Gewölbe, in denen Tausende von Champignons wachsen und verkauft werden. Diese ruhige, abgeschiedene Zucht ist die friedliche Nachfolge der ungleich grausameren, ursprünglichen Bestimmung des Tunnels. Hier fand während des Zweiten Weltkriegs relativ gefahrlos weil gut geschützt die Kriegsproduktion statt. Die dazu eingesetzten Häftlinge waren durch einen Tunnel mit nur einem Ausgang leicht zu überwachen. Von dieser Sorte Tunnel existieren zwischen Freienseen und dem Südharz etliche – viele sind zugemauert, nur wenige werden so weitergenutzt wie dieser. Neben dem Tunnel befindet sich die »Waldschenke Robert Jung«, die recht preisgünstig ist und nach einem Waldspaziergang zum Verweilen einlädt.
Anfahrt: Freienseen an der B 276 hinter Laubach, am Ortseingang beim Heimwerkermarkt rechts (Schild Champignonzucht).
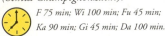 *F 75 min; Wi 100 min; Fu 45 min; Ka 90 min; Gi 45 min; Da 100 min.*

Echte Räuberhöhle
Räuber Leichtweis auf dem Neroberg

Eine echte, alte Räuberhöhle gibt es im Wiesbadener Nerotal. Sie wurde im 18. Jahrhundert von einem Räuber namens Heinrich Anton Leichtweis bewohnt. Sehr komfortabel lebte er zwar nicht, wie man heute noch sehen kann. Ein massiver Tisch und eine aus Moos gepolsterte Schlafnische – mehr gab es nicht, aber es gibt es noch. Die Leichtweishöhle liegt unter einem Felsmassiv, das man oberhalb des Nerobergs am Speierskopf im Schwarzbachtal erreicht. Auf dem etwa 15minütigen Weg dorthin kommt man an einem sehr schönen Grillplatz vorbei, der sich für ein Picknick gut eignet, ein Spielplatz für die Kinder ist ganz in der Nähe. Wer den steilen Aufstieg zum Neroberg scheut kann mit der Nerobergbahn, die mit Wasserkraft angetrieben wird. Oben steht auch eine sogenannte Griechische Kapelle, die in Wahrheit eine sehr sehenswerte russisch-orthodoxe Kirche mit vergoldeten Kuppeln ist.
Anfahrt: Wiesbaden ab Hauptbahnhof über die Kaiser-Wilhelm-Straße und weiter die Verlängerung Taunusstraße und Nördliches Nerotal bis zur Nerobergbahn.
 F 30 min; Fu 120 min; Ka 150 min; Gi 60 min; Da 30 min.

Die Bonifatius Quelle in Amöneburg
Das Geheimnis des versiegenden Wassers

Hier spukts. Auch wenn der Legende nach Bonifatius hier die ersten Taufen in Hessen vorgenommen haben soll. Der Ort scheint wie vom Teufel bewohnt. Seitdem der alte Waschplatz der Bäuerinnen 1986 renoviert worden ist, wirken die Steinkreuze vor der Magdalenenkapelle wie ein Soldatenfriedhof: Tatsächlich sind es Stein-Fundamente für Kirchenbänke, die einst vor der Magdalenenkapelle in Gebrauch waren. Kapelle

Hat eigene Gesetze: die Bonifatius Quelle in Amöneburg.

und Quelle liegen nun verlassen in der Idylle, an der einiges nicht geheuer wirkt. Denn die Quelle, die eben noch still vor sich hinplätscherte, beginnt heftig zu rauschen. Wasser fließt in Strömen, und als sei ein Poltergeist an einem Wasserhahn zugange, versiegt die Quelle plötzlich wie von Geisterhand. Wer darüber mehr Lust auf ein Eis als auf noch weitere Wunder verspürt, fährt nach Amöneburg in die Bäckerei »Klien« am Marktplatz. Hier gibt es das beste Eis und eine schöne alte Stadtmauer – an der alles garantiert geheuer ist.
Anfahrt: Zwischen Marburg und Gießen in Richtung Kirchhain bis zur Gabelung, die einmal nach Amöneburg, einmal nach Kirchhain weist. Hier, weiter in Richtung Kirchhain, sind es nur noch wenige Meter, bis rechts die Magdalenenkapelle auftaucht und links ein kleiner Pfad zur Quelle führt.
 F 75 min; Wi 90 min; Fu 75 min; Ka 75 min; Gi 30 min; Da 90 min

Fischbachtal im Odenwald
»Rimdidim« oder zur Schönen Aussicht

Im nördlichen Odenwald gibt es unzählige kleine Täler mit Spazierwegen entlang schmaler Bachläufe, immer wieder vorbei an netten Gutshöfen und gemütlichen Cafés. Längst gilt der Odenwald als ein bevorzugtes Ausflugsziel – doch nie scheint er überlaufen zu sein: Zu gut verteilt sich das Volk in den Tälern: je abgelegener desto lieber. Jeder Odenwald-Fan hat seine eigene Lieblingsecke, die er am liebsten »geheimhalten« würde: Nennen wir einfach eine besonders idyllische Stelle: Das Zindenauer Schlößchen, eine Felsformation im Fischbachtal. Ein ausgezeichnetes Ausflugscafé gleichen Namens liegt am Weg hinter dem Parkplatz von Fischbachtal-Steinau, an dem steile, aber umso romatischere Spazierwege durch Buchenwälder führen. Über sie gelangt man zum höchstgelegenen Dorf des Odenwalds: nach Modautal-Neunkirchen. Und von dort weiter zum höchsten Punkt des Odenwalds: zum Kaiserturm auf der Neunkircher Höhe (605m). Übrigens: Rimdidim (der Weg zu dem Berg gleichen Namens ist ausgeschildert) heißt odenwälderisch »rundherum schauen«. Dazu lädt der Odenwald auf sehr angenehme Weise ein.
Anfahrt: Die A 5, Abfahrt Pfungstadt, die B 426 nach Ober-Ramstadt, dort die B 38 bis Großbieberau, rechts nach Niedernhausen und links hoch nach Fischbachtal-Steinau.
 F 60 min; Wi 60 min; Fu 90 min; Ka 150 min; Gi 90 min; Da 30 min

Die 10 größten Waldbezirke Hessens

1. Nördliches hessisches Schiefergebirge
66169 Hektar
2. Nordost- hessisches Bergland
61428 Hektar
3. Taunus
59966 Hektar
4. Vogelsberg und östlich angrenzende Sandsteingebiete
56632 Hektar
5. Odenwald
34768 Hektar
7. Spessart
19807 Hektar
8. Hessische Rhein-Main-Ebene
17173 Hektar
9. Rhön
14857 Hektar
10. Weserbergland
11545 Hektar

Hessen für Gäste

Die 10 Haupt-Sehenswürdigkeiten

1. **Wiesbaden** Mit Charme und Lebensart
2. **Kassel und die documenta** Die Stadt Im Norden
3. **Der Römerberg in Frankfurt** Verwirrende Bauvielfalt
4. **Die Deutsche Märchenstraße** Dornröschen und Frau Holle
5. **Rüdesheim** Die Germania und die Drosselgasse
6. **Büdingens Stadtanlage** Spätmittelalterlich, doch ganz erhalten
7. **Marburg und sein Schloß** Romantisch und verwinkelt
8. **Der Vogelsberg** Hessen ganz pur
9. **Bad Homburg und die Spielbank** Das internationale Taunusstädtchen
10. **Der Europaturm** Über Frankfurts Banken thronen

Wenn Ihre Gäste zum ersten Mal nach Hessen kommen: Was zeigen Sie ihnen? Was ist »typisch« in Hessen? Ebbelwoi, Fachwerkhäuser, tiefe Wälder? Hier finden Sie Orte und Regionen, die gleichermaßen hessentypisch sind und einen angenehmen Aufenthalt versprechen.

Bild rechts: Schloß Schaumburg an der Deutschen Märchenstraße.

Wiesbaden

Mit Charme und Lebensart

Hessens Landeshauptstadt besitzt einen außergewöhnlichen Flair. 26 heiße mineralhaltige Quellen machten Wiesbaden schon früh zum Bade- und Kurort auch der betuchten Bürger. Das Kaiser-Friedrich-Bad ist ein Jugendstilprunkbau, der unbedingt sehenswert ist. Zwischen Kurpark, Langgasse, Markt und Kochbrunnen befindet sich das vornehme Kurviertel. Die Altstadt, die Wilhelmstraße (die Wiesbadener nennen ihre große Einkaufsstraße kurz die »Rue«) und die Langgasse laden zu einem gemütlichen Bummel ein. Besonders schön ist die Gegend um das Kurhaus, das eine der prächtigsten Spielbanken Europas beherbergt. Das Hessische Staatstheater mit der Theaterkolonnade liegt gleich nebenan. Hier finden jährlich die Maifestspiele statt. Zu Fuß sind es ein paar Minuten bis zum Stadtschloß, in dem sich heute der Hessische Landtag befindet. Besonders reizvoll wird Wiesbaden, wenn es feiert: sei es das Theatrium Anfang Juni (eines der größten Straßenfeste Deutschlands) oder die Rheingauer Weinwoche Mitte August.

F 30 min; Fu 120 min; Ka 150 min; Gi 70 min; Da 30 min.

Kassel und die documenta

Die Stadt Im Norden

Kassel ist zum geografischen Mittelpunkt des neuen Deutschland geworden. Im Mittelpunkt steht Kassel auch als Kunst- und Museumsstadt. Höhepunkt ist alle fünf Jahre die große Werkschau zeitgenössischer Kunst, die international zu den renommiertesten Kunstschauen überhaupt gehört. Geleitet wird die documenta im Fünf-Jahres-Turnus von den besten europäischen Ausstellungsmachern, 1992 von dem Genter Jan Hoet. Die documenta, die den gesamten Sommer 1992 Gäste aus aller Welt anziehen wird, wirft ihre Schatten stets weit voraus und hinterläßt ebenso ihre Spuren: Mit Skulpturen überall in der Stadt und einer ständigen Ausstellung von documenta-Kunst in der Neuen Galerie.

Anfahrt: die A 44 oder die A 7 nach Kassel.

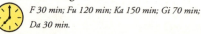
F 120 min; Wi 150 min; Fu 75 min; Gi 90 min; Da 150 min.

Römerberg in Frankfurt

Verwirrende Bauvielfalt

Zwischen Altstadtidylle und einem hohen Grad an Modernität schwankt die Stim-

mung in Frankfurt überall: auch in seinem Zentrum, dem Römerberg. Zwischen dem alten Rathaus und dem Dom herrscht eine verwirrende Bauvielfalt von Fachwerk und postmodernen Gebäuden. Eine rekonstruierte Häuserzeile aus dem 15. Jahrhundert schließt sich nahtlos der langgestreckten »Schirn«-Kunsthalle an. Auf dem Römer läßt sich gut sitzen, essen, trinken und promenieren. Läuft man vom Römerberg in Richtung Main, kommt man direkt zur Fußgängerbrücke »Eiserner Steg«. Von der Brücke blickt man auf die Umrisse der Stadt mit den Bankentürmen vor historischer Altstadtkulisse. Auf der anderen Seite des Mains befindet sich das Museumsufer. Zum Städel-Museum und Liebieghaus geht es flußabwärts, flußabwärts gelangt man zum Museum für Kunsthandwerk mit einem Park und einem Café als Treffpunkt. Noch ein paar Schritte weiter, und man erreicht das legendäre Sachsenhausen, wo Äppelwoi in Strömen fließt. All das läßt sich bequem und weitgehend autofrei zu Fuß erreichen.

Wi 30 min; Fu 90 min; Ka 120 min; Gi 45 min; Da 30 min.

Die Deutsche Märchenstraße

Dornröschen und Frau Holle

Mit dem Auto auf den Spuren des deutschen Märchens: Die 235 Kilometer lange Deutsche Märchenstraße beginnt in Hanau, östlich von Frankfurt. Von Hanau wählt man die B 43 nach Steinau, zum Ort der Gebrüder Grimm mit Märchenbrunnen und Märchenhaus. Weiter über die B 275 gelangt man nach Lauterbach und nach Alsfeld mit seiner romantischen Fachwerkkulisse. Ähnlich malerische Städtchen findet man über die B 454 und der B 323 weiter entlang der Märchenroute. Von Fritzlar nach Gudensberg und zum Naturpark Habichtswald. In Baunatal bei Kassel wurde die »Märchenfrau« der Gebrüder Grimm geboren und in Kassel steht das »Brüder-Grimm-Museum« im Schloß Bellevue (Di-Fr 10-17 Uhr, Sa + So 10-13 Uhr). Auf der B 80 kommt man über Kassel weiter nach Hannoversch-Münden in Dornröschens Märchenland, den Reinhardswald. Hier steht die Sababurg, auf der einst Dornröschen lebte, südlich schließt sich ein Urwildgehege an, in dem kleine Urpferde gehalten werden.

Rüdesheim

Die Germania und die Drosselgasse

Über Rüdesheim thront Germania, ein 12 Meter-Monument und schaut herab auf Touristen aus der ganzen Welt, die zu Abertausenden nach Rüdesheim pilgern. Die Germania kann man mit der Seilbahn erreichen (5 DM, Kinder 2,50 DM, einfache Fahrt). Nicht minder berühmt ist die Drosselgasse, in der man den weltbekannten Wein der Umgebung in urgemütlichen Weinkellern zusammen mit den heiligen Heerscharen der Weltenbummler trinken kann. Wer die Weinberge besichtigen will, kann sie entweder per pedes erwandern oder mit dem »Winzerexpress« (5 DM, 2,50 DM für Kinder) eine Stunde durch die Weinberge fahren. Sehenswert ist das »Musik-Kabinett«, ein Museum, in dem über 400 automatische Musikinstrumente ausgestellt sind.
Anfahrt: Von Wiesbaden die A 66 bis zu ihrem Ende, dann die B 42 über Eltville bis nach Rüdesheim.

Wi 30 min; F 60 min; Fu 150 min; Ka 170 min; Gi 100 min; Da 60 min.

Büdingens Stadtanlage

Spätmittelalterlich, doch ganz erhalten

Kaum ein anderes Dorf ist historisch so lange unversehrt erhalten geblieben wie Büdingen in der Wetterau. Die Fachwerk-Stadt ist bekannt aus hunderten von Touristik-Prospekten. Aber Büdingen ist mehr als nur romantisch. Büdingen ist vor allem geprägt von dem Nebeneinander einer Staufischen Wasserburg und einer vor den Toren dieser Burg über Jahrhunderte entstandenen Bürgersiedlung – so, wie es im Mittelalter üblich war. Stadtrechte erhielt Büdingen 1321, was bedeutete, daß Schutzburg und Siedlung zusammenwachsen durften. Büdingen wurde mit einer geschlossenen Mauer und Wehrtürmen befestigt, was zufolge hatte, daß es schon Ende des 14. Jahrhunderts zu eng wurde. Von daher die platzsparende Bebauung durch schmale Reihenhäuser mit Spitzgiebeldächern – anderswo wurden die Mauern geschleift. In Büdingen blieb diese Anlage erhalten.
Anfahrt: Über die A 66 Offenbach Richtung Fulda, Abfahrt Gründau-Lieblos, die B 457 nach Büdingen.

F 30 min; Wi 45 min; Fu 30 min; Ka 120 min; Gi 75 min; Da 60 min.

Marburg und sein Schloß

Romantisch und verwinkelt

Hundert Meter über Marburg erhebt sich das Marburger Schloß, das um 1260 von Heinrich I. zum Residenzschloß ausgebaut wurde und heute zur Universität gehört. Zum ganztägig geöffneten Schloß gelangt man vom Marktplatz über etliche Treppen, die sich eng an den alten Gemäuern durch schmale Gassen zum Schloß heraufwinden. Das Schloß selbst hat drei Flügel, die einen Innenhof umspannen. Im Süden liegt der Landgrafenbau und die Schloßkapelle, die aus dem 13. Jahrhundert stammen. Der Frauenbau (Kemenate) aus dem 15. Jahrhundert befindet sich im Westen. Den Nordflügel bildet ein Saalbau. Vorgelagert ist der Wilhelmsbau, heute als Universitätsmuseum genutzt.
Anfahrt: von Gießen die B 3 nördlich nach Marburg.

F 75 min; Wi 110 min; Fu 75 min; Ka 75 min; Gi 30 min; Da 105 min.

Der Vogelsberg

Hessen ganz pur

Der Vogelsberg ist nicht nur einsames, waldreiches, idyllisches Gebiet zwischen Alsfeld und Gelnhausen, zwischen Kinzigtal und Wetterau. Er ist zugleich Europas größter, wenn auch seit langer Zeit untätiger Vulkan – Erruptives ist nicht mehr zu befürchten. Der Vogelsberg ist ein Erholungsgebiet ohne stattliche Bäder oder imposante Hotelanlagen. Im Gegenteil, hier regiert behagliche Einsamkeit. Im Vogelsberg ist Hessen pur. Die meisten Dörfer liegen im Tal, die Kuppen sind bewaldet, man kann stundenlang auf ihnen spazieren
Anfahrt: Autobahn A 45 von Süden, Abfahrt Wölfersheim in Richtung Schotten, von Norden die A 7, Abfahrt Hünfeld-Schlitz

F 60 min; Wi 90 min; Fu 15 min; Gi 30 min; Da 90 min;

Bad Homburg und die Spielbank

Die internationale Taunusstadt

Wer an Bad Homburg denkt, denkt an den schicken Vorort Frankfurts im Vordertaunus. Das Flair von Bad Homburg ist ungebrochen. Dazu beigetragen hat die Taunustherme als Nobelbad für Erholungsuchende, mehr aber noch der alte Ruf der Spielbank, die das Vorbild für Monte Carlo gewesen ist. Schon Kaiser spielten sich hier arm, und noch heute trifft sich neben Kurgästen am Roulettetisch eine internationale Gesellschaft. Ein ganz besonderer Service zur Anfahrt ist der Casino-Bus. Zu jeder vollen Stunde fährt er ab Frankfurt Hauptbahnhof Spielwillige kostenlos nach Bad Homburg und zurück.
Anfahrt: Die A 5 bis Bad Homburger Kreuz (nördlich von Frankfurt)

Wi 40 min; Fu 120 min; Ka 120 min; Gi 40 min; Da 40 min.

Der Europaturm

Über Frankfurts Banken thronen

Der Europaturm ist ein Fernmeldeturm, wie es sie ihn jeder Stadt gibt, im Frankfurter Stadtteil Ginnheim gelegen und von den Einheimischen »Ginnheimer Spargel« getauft. Aber seine Innereien unterscheiden den 331 m-Turm von anderen Fernmeldetürmen: Hier befindet sich Europas höchste Aussichtsplattform mit Blick über Frankfurt und bis zum Taunus. Täglich von 10-18 Uhr werden Besucher im Expreß-Aufzug 222 Meter nach oben geschossen. Im Preis von 7 DM ist die Multimedia-Show »Frankfurt Experience« inbegriffen. Mittwoch–, Freitag– und Samstagnacht findet oben die Diskothek »Sky Fantasy« statt. Einen Stock darunter läßt sich im Restaurant Windows hervorragend speisen – mit einem besonderen Pfiff. Der Tisch, den man reserviert hat, kreist einmal die Stunde um sich selbst.
Wilhelm-Epstein Straße 20, Tel. 069/ 533077, im Restaurant ist die Reservierung unumgänglich.
Anfahrt: Frankfurt/ Miquelallee abfahren, von dort der Ausschilderung Ginnheim

ERLEBEN SIE
DIE NEUE GASTRONOMIE
DER ALTEN OPER!

TÄGLICH
VON 11 – 24 UHR

DI BIS SA 18 – 24 UHR,
SO, MO UND FEIERTAGS GESCHLOSSEN

RESERVIERUNGEN ERBETEN: TELEFON 069/1340-386

FÜR KONZERTBESUCHER
INTERMEZZO EBENE 2   **ALTES UND NEUES FOYER** EBENE 3

Wander-touren

Markus Gotta (Text). Karten: Hessisches Landesvermessungsamt.

Die 10 schönsten Wandertouren

1. **Urwald Sababurg** Urwaldriesen und Fabelwesen
2. **Der Rudolfshagen** Ameisen auf Riesenhügeln
3. **Ein Traum von Kirschen** Wandern um Witzenhausen
4. **Felsenmeere in Heppenheim** und der Felsberg bei Reichenbach
5. **Auf dem Pfad der alten Römer** Der Limes im Taunus
6. **Der Riesenstein** Eine Kultstätte der Germanen
7. **Aufstieg zur Burg Hohenstein** Für echte Wanderer
8. **Lauterbach** Idyllisch durch den Vogelsberg
9. **Wandern am Rhein** Auch mal ohne Touristen
10. **Eschbacher Klippen** Der Trick »von hinten«

Hessen ganz aus dem Häuschen. Hier sind die schönsten Wandertouren: durch die Idyllen, vorbei an Hessens Geschichte, hin zu großartiger Natur.

Urwald Sababurg

Urwaldriesen und Fabelwesen

Ein bißchen was Gespenstisches hat er schon mit seinen knorrigen Baumgestalten und den vermodernden Riesenstämmen: Der Urwald bei der Sababurg ist wie eine andere Welt. Mächtige, 400 Jahre alte Buchen und 800jährige Eichen wachsen hier – ihre Stämme sind mehrere Meter dick, und viele sind vom Alter gezeichnet: Hier hat ein Blitz eingeschlagen, dort fehlt die Rinde. Die Natur regiert und kein Mensch greift ein in den Reinhardswald – eines der größten geschlossenen Waldgebiete Deutschlands, zu welchem auch der Urwald gehört: Über das Dornröschenschloß Sababurg, in dem einem auf Schritt und Tritt die Märchenwelt der Gebrüder Grimm begegnet, und über den angrenzenden Wildpark, in dem heute Urwild-Pferderassen gezüchtet werden, geht die Wanderung. Der Urwald selbst ist 92 Hektar groß, und nicht nur Baumriesen kann man hier bewundern. Birken und Erlen stehen in den feuchten Senkungen, Wasserflächen schimmern durch das Grün, Konsolenpilze wachsen an den Stämmen – und für alle, die viel Fantasie haben: grimmige Gesichter starren von oben herab, ein schlafender Riese liegt vor dem Gebüsch, und garantiert lauert ein buckliger Troll am Wegrand.

Anfahrt zur Sababurg von Kassel nördlich die B 83 nach Hofgeismar, hier rechts Richtung Beberbeck bis zur Sababurg selbst. Von hier aus führen verschieden lange, ausgeschilderte Wanderwege u.a. zum Staufenberg, zur Steinhäufe oder als Rundwanderwege durch den Urwald um die Sababurg herum.

 F 160 min; Wi 180 min; Fu 90 min; Ka 30 min; Gi 120 min; Da 180 min.

Der Rudolfshagen

Ameisen auf Riesenhügeln

Ameisenhügel sind vor allem faszinierend, wenn einem 200 Stück auf einen Streich begegnen, und darunter bis zu zwei Meter große. Man trifft sie in dieser Anzahl und vor allem in dieser Größe nur im Rudolfshagen, dem Zielpunkt einer Wanderung von der Twiste-Talsperre aus durch das Twistetal nach Süden: Sie befinden sich in einem kleinen Fichtenwald hinter Ober-Waroldern (Hinweisschildern zu diesem Ort folgen) linker Hand auf dem Weg weiter nach

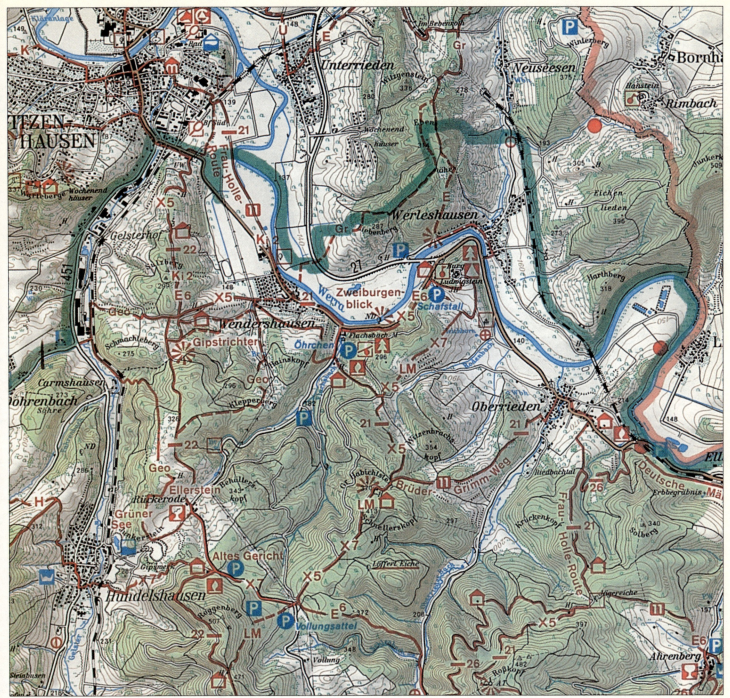

Das Kirschenparadies: Wandern rund um Witzenhausen.

Höringshausen. Dort durchwandert man das einzige Naturschutzgebiet Deutschlands, das nur wegen einer Tierart ausgewiesen wurde, dem größten Vorkommen der Kleinen Roten Waldameise in Europa. Sie bauen ihr Nest aus feinsten Materialien, vorzugsweise Fichtennadeln auf sandigem Boden mit günstigem Grundwasserstand und unter überhängenden Zweigen, die Schutz vor Sonne oder Regen bieten. Diese Bedingungen finden sie offensichtlich nur hier vor. Am Waldrand sind die Ameisenhaufen bis zu 50 Zentimeter hoch, je tiefer man in den Wald wandert, um so größer werden die architektonischen Meisterleistungen: Mit zwei Meter Höhe übersteigen sie die eigenen Körpermaße. Die Ameisenhügel sind nach Höhe und Neigung der Sonneneinstrahlung so angepaßt, daß die Wärme im Inneren immer konstant bleibt.

Ab Kassel westlich 20 km die B 251 Richtung Korbach. Hinter Freienhagen rechts ins Twistetal über Dehringhausen nach Ober-Waroldern. Oder ab Kassel nur bis Istha und rechts die B 450 zur Twiste-Talsperre.

🕐 *F 120 min; Wi 130 min; Fu 75 min; Ka 45 min; Gi 90 min; Da 150 min.*

Ein Traum von Kirschen

Wandern um Witzenhausen

Blühende Kirschbäume so weit das Auge reicht – man kann sich kaum eine reizvollere Kulisse zum Wandern vorstellen als die Landschaft Witzenhausens zur Kirschblüte. An der Kirschenstadt im Werratal gibt es insgesamt 400 km Wanderwege, wobei zwei Wege (in rot und mit »KI« markiert) direkt an 150.000 Kirschbäumen vorbeiführen. Diese Wege sind auch zur Erntezeit im Juli sehr schön, wenn gleichzeitig die traditionelle Witzenhauser »Kesperkirmes« mit Kirschkernweitspucken und der Krönung der Kirschkönigin stattfindet. Dazu bietet Witzenhausen fünf Wanderungen unter dem Motto »Natur zum Anfassen« mit Führer an, die unter ökologischen, botanischen, geologischen und geschichtlichen Aspekten stehen. Die Touren dauern den ganzen Tag, teilweise mit fünf Stunden. Mühelos läßt sich die urwüchsige Gegend auch auf eigene Faust erwandern. Thüringen liegt direkt vor der Tür, ein Wanderweg führt von Burg zu Burg, den wir

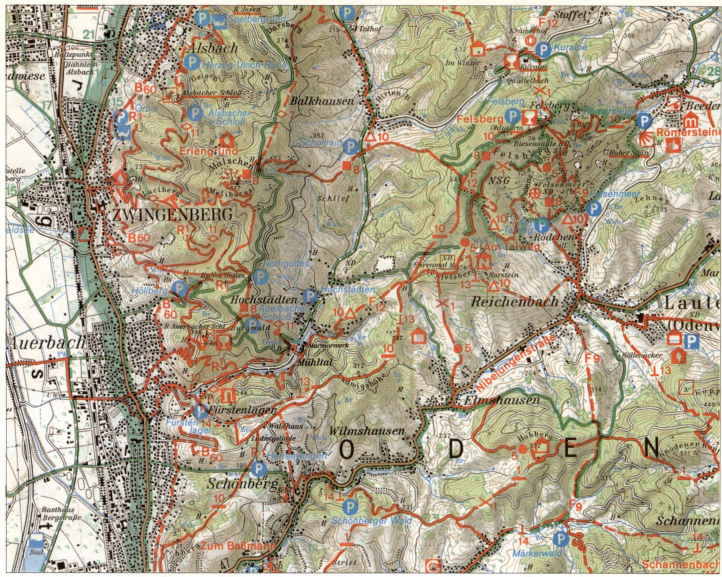

Einmalig: das Felsenmeer bei Reichenbach im Odenwald.

auf der Karte abbilden: von der Burg Ludwigstein (eine uralte Ritterburg mit Jugendherberge) auf die thüringische Seite zur Burg Hanstein.
Info. Verkehrsamt 3430 Witzenhausen, Rathaus, Am Markt 1, Tel. 05542/ 5745
Anfahrt: Autobahn A 7 Bad Hersfeld – Göttingen, Abfahrt Hann. Münden-Werratal, links auf die B 80, 10 km bis Witzenhausen.

 F 180 min; Wi 180 min; Ka 30 min; Gi 120 min; Fu 100 min; Da 210 min.

Das Felsenmeer bei Reichenbach

Wie ein Insekt am Kiesufer

Bei Reichenbach im Odenwald häufen sich gewaltige Felsbrocken zu einem Felsenmeer auf dem 515 Meter hohen Felsberg im Odenwald. Glattgeschliffene Granitfelsen, rund wie überdimensionale, schwarze Kieselsteine: Der Wanderer fühlt sich klein wie ein Insekt am Kiesufer. Im Tal und zwischen den Bäumen entdeckt er auch bearbeitete Steine aus der Römerzeit (nur noch in Oberägypten gibt es ähnlich bearbeitete Römersteine), Riesensäulen, Kreisolatten und Altarsteine. Ausgangspunkt für diese Zielwanderung ist Bensheim-Auerbach, dort der Parkplatz am Fürstenlager. Am Bach entlang bergauf geht es zum Teufelsberg und weiter an der Markierung »o« zum nördlichen Teil des Felsenmeers. Südlich bergab gelangt man nach Reichenbach und entlang der Dreiecks-Markierung zurück (ca. 10 km). Siehe Karte.
Autobahn Frankfurt-Heidelberg, Abfahrt Bensheim, in Bensheim die Bergstraße nördlich nach Auerbach, danach ausgeschildert Richtung Fürstenlager.

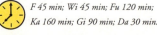 F 45 min; Wi 45 min; Fu 120 min; Ka 160 min; Gi 90 min; Da 30 min.

Auf dem Pfad der alten Römer

Der Limes im Taunus

Die Römer standen 250 Jahre lang im Taunus Spalier, um sich gegen die Chatten und andere Horden zu »verteidigen«. Kaiser Domitian ließ eine Mauer bauen, den Limes, an dessen Spuren entlang und zuweilen auf dessen Rücken der Limeswanderweg führt. 15 km durch Wald und über Berge zum Römerkastell Saalburg: Überwuchert, zum Teil aber auch wieder freigelegt, finden sich auf dieser Wanderung Römerspuren ohne Ende. Der mit der Markierung »T« gekennzeichnete Weg beginnt am Sandplacken, führt durch den Wald am Limes entlang, an dem Klein-Kastell Heidenstock vorbei, das früher den römischen Wachmannschaften als Unterschlupf diente, bis zum Herzberg, dem ersten Zielpunkt der Wanderung: Ein Turm aus Taunusgestein zum Besteigen. Nach einer kleinen Stärkung in der dortigen urgemütlichen Gaststätte kann weiter zur Saalburg, dem großrömischen Kastell. Siehe Karte.
Anfahrt: Nach Frankfurt, Richtung Bad Homburg, Abfahrt Oberursel, von dort Richtung Feldberg, Sandplacken (ausgeschildert).

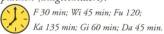 F 30 min; Wi 45 min; Fu 120; Ka 135 min; Gi 60 min; Da 45 min.

Der Riesenstein

Eine Kultstätte der Germanen

Wie ein Paar umgedrehte Elefantenfüße sieht er aus, der Riesenstein im Mittelhorst des Heiligenberges – eine acht Meter hohe, bizarr geformte, grün schimmernde Buntsandsteinklippe, die zu einer Kultstätte der Germanen gehört hat und im Zuge der Christianisierung

Auf dem Pfad der alten Römer: der Limes-Wanderweg im Taunus.

weitgehend zerstört wurde. Ein Wanderweg führt an diesen faszinierenden Ort: der »Volkmarser Weg« über den Buntsandsteinrücken zwischen Heimarshausen und nördlich Altendorf. Auf seiner Höhe kommen die Spaziergänger an einer nach Westen abfallenden Felskante entlang – hier sind zahlreiche Klippen durch Verwitterung freigelegt, markante Sandstein-Felsengebilde mit rauher, zerrissener Oberfläche, bewachsen mit Moosen und Algen. Den Riesenstein sollte man von allen Seiten betrachten, immer wieder treten neue Formen hervor. Weiter oben befindet sich eine vermutlich heidnische Kultstätte, eine Opfermulde mit Blutrinne und zwei Schalen; weiter nördlich ein großer Felsblock mit eingemeißelten Zeichen.
Anfahrt: Ab Kassel A 49 nach Fritzlar, dort westlich über die Kreisstraße nach Geismar und weiter über Züschen nach Heimarshausen, hier links ab zum Parkplatz. Weitere Wanderungen sind westlich ins Edertal und zum Edersee möglich.

 F 150 min; Wi 160 min; Fd 120 min; Ka 30 min; Gi 120 min; Da 180 min.

Aufstieg zur Burg Hohenstein

Für echte Wanderer

Ausgangspunkt der etwa 20 km langen Rundwanderung ist Bad Schwalbach an der Aar. Vom Bahnhof aus führt der Weg durch das Hainbachtal mal über schmale Wiesen, mal durch den Wald. Es geht stetig bergauf – das Ziel ist die Burg Hohenstein, auf einem Felsen gelegen. Durch den Ort Heidenrod-Kemel über den Winterbacher (473 m) gelangt man ins Lahnbachtal. Wenn man hier aus dem Wald heraustritt, hat man einen traumhaften Blick auf Unter- und Oberdorf, oberhalb sieht man schon auf die Burgmauern und die Türme von Hohenstein. Nach einem kurzen Endspurt auf 20prozentiger Steigung erreicht man Burg Hohenstein, eine der schönsten und mächtigsten Burgruinen des Taunus. Vom »oberen« Hohenstein aus zieht sich der 8 km lange Rückweg zunächst durch Felder, steigt langsam durch Laub- und Nadelwälder an bis zu einer Anhöhe am Lindscheider Wasserwerk. Von hier aus hat man einen wunderschönen Blick über den ganzen Taunus. Durch die Allee der früheren Villa Lilly, die ein in den USA bekannter Brauereibesitzer 1910 erbauen ließ, gelangt man zurück an den Ausgangspunkt in Bad Schwalbach.
Anfahrt: Ab Wiesbaden über die B 260 bis Bad Schwalbach (nicht zu verwechseln mit Schwalbach bei Frankfurt)

 F 45 min; Wi 30 min; Fu 130 min; Ka 160 min; Gi 90 min; Da 60 min

Lauterbach

Idyllisch durch den Vogelsberg

Mit einem Ausflug in das kleine Städtchen Lauterbach zwischen Alsfeld und Fulda im Vogelsberg beginnt eine der idyllischsten Wanderungen, die man durch den Vogelsberg unternehmen kann. Zunächst spaziert man durch die pittoreske Altstadt am Ufer der Lauter. Von der Altstadt aus führt östlich eine schmale Straße hinauf zum Haining, (Markierung »+ 18«) auf dem die Lauterbacher unter vierhundertjährigen Eichen ihr Volksfest feiern, auf einer heidnischen Kultstätte der Germanen. Durch Wald und Weideland geht es weiter ins Tal des Eisenbachs. Hier steht das Schloß Eisenbach, auch die »hessische Wartburg« genannt. An den Wirtschaftshöfen des Schlosses vorbei, gelangt man entlang uralter Linden

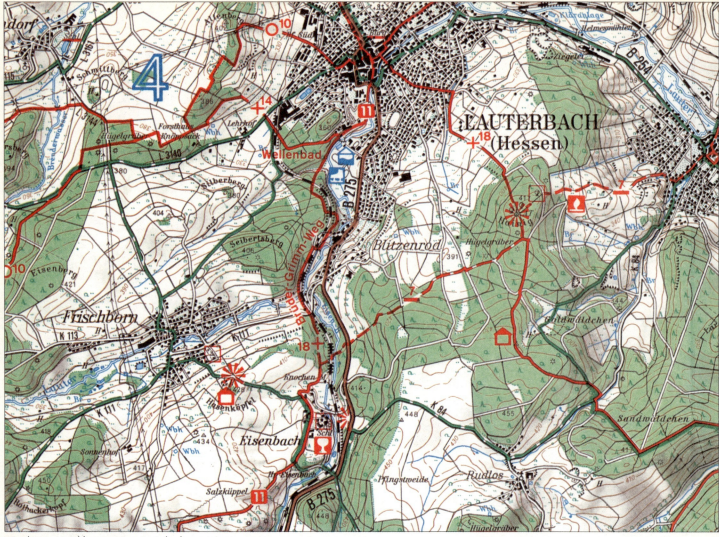

Wandern im Vogelsberg: rund um Lauterbach.

und Eichen auf den Rückweg. Folgt man den Bahngleisen der alten Vogelsbergbahn, die heute nur noch selten fährt, erreicht man den idyllischen Bahnhof Blitzenrod. Von hier aus muß man einfach dem Weg des Flüßchens Lauter folgen und gelangt wieder nach Lauterbach zurück. Siehe Karte.
Anfahrt: 24 km ab Fulda über die B 254.

 F 90 min; Wi 120 min; Fu 30 min; Ka 75 min; Gi 45 min; Da 120 min.

Wandern am Rhein

Auch mal ohne Touristen

Waldhänge, über denen Burgen thronen, steile Rebenhänge und altertümliche Städtchen – so kennt man den Rhein. Aber in Ruhe an diesem Stück weltbekannten, romantischen Rhein wandern? Kein Problem. Beginnen sollte man auf jeden Fall in Rüdesheim, oberhalb in Aulhausen: Hier gelangt man auf den rechtsrheinischen 280 km langen Rheinhöhenweg, der zu Deutschlands schönsten Wanderwegen zählt. Von der spätgotischen Kirche in Aulhausen aus steigt man den Weinberg hinauf, gelangt dann durch den Wald zur Schutzhütte auf dem Teufelskädrich, einem Aussichtspunkt über dem Rhein mit Blick auf die Burg Reichenstein am gegenüberliegenden Ufer, und kann sich hier im Forsthaus Kammerforst vorzüglich stärken. Danach geht es weiter über den Kaufmannsweg, einer einst wichtigen Handelsstraße, durch schattiges Waldgebiet bis zu den »Zwölf Aposteln«, einer Buchengruppe mit Bänken. Am Hang des Bächergrundes geht es weiter durch die Weinberge bis nach Lorch. Krönender Abschluß kann eine Schiffsfahrt zurück nach Rüdesheim sein.
Anfahrt: Aulhausen oberhalb von Rüdesheim erreicht man ab Wiesbaden über die B 42 am Rhein.

 F 60 min; Wi 30 min; Fu 160 min; Ka 180 min; Gi 100 min; Da 60 min.

Eschbacher Klippen

Der Trick »von hinten«

Gerade den Frankfurtern, die zu nah am Taunus leben, scheint ihr »Gebirge« nicht voll genug an Attraktionen. Dabei gehört der Taunus ohne Zweifel zu einem der erlebnis- und abwechslungsreichsten Wandergebiete überhaupt in Hessen. So eignet sich, auch wenn man es kaum für möglich hält, der eher flachrückige Taunus nicht nur zum Wandern, sondern auch für die nächste Hochgebirgstour. Gemeint sind die Eschbacher Klippen, die echten Kletterern schon lange ein Begriff sind. An steilen Felshängen geht es mühsam mit Pickel und Seilen bergauf. Hat man nicht die richtige Ausrüstung, fühlt sich nicht sportlich genug oder traut sich einfach nicht, gibt es dennoch einen Trick, die Klippen doch noch zu besteigen: Indem man sie zunächst umkreist, um den günstigsten Aufstiegsort zu erkunden und begibt sich auf einen der zwei ausgeschilderten Rundwege durch die nähere Umgebung, die vom Parkplatz »Eschbacher Klippen« ausgehen und an den bizarren Felsformationen vorbeiführen. Der eine nennt sich Brandoberndorfer Waldrandsweg, ist etwa 4 km lang, weniger steil. Etwas länger ist der zweite Weg (7 km), mit mehr Steigungen, vorbei am Naturschutzgebiet und durch das Michelbachtal. Spätestens jetzt hat man gesehen, wie es geht, und nimmt sie also: die Rückseite der Eschbacher Klippen. Über einen schmalen Pfad kann man problemlos dorthin gelangen, wohin mühseliger die Alpinisten auch hingelangen: Nach oben. Auf dem Gipfel hat man einen weiten Blick über den Hochtaunus bis zum großen Feldberg.
Anfahrt: Autobahn bis Bad Homburg bei Frankfurt, weiter Richtung Wehrheim, Usingen bis nach Eschbach.

F 30 min; Wi 45 min; Fu 120 min; Ka 120 min; Gi 30 min; Da 60 min.

Es soll Leute geben, die fliegen nur deshalb über FRA.

Immer mehr Leute wissen, daß der Frankfurter Flughafen mehr ist, als ein Airport zum Starten und Landen. Und sie genießen, was ihnen hier sonst noch geboten wird.

In über 100 Geschäften lädt eine faszinierende Warenwelt zum Shopping-Bummel. Und man findet nicht nur ein reiches Angebot „Made in Germany"; hier trifft auch französische Elégance auf American Way of Life und Moda Italiana auf British

Erlebniswelt Flughafen

Style. Das Angebot ist so weltoffen wie die Menschen. Auch dem Gourmet hat FRA viel zu bieten. In einem kleinen Bistro, an der Bar, im eleganten Restaurant. Oder erleben Sie heißen Disco-Sound im „Dorian Gray", der einzigen Flughafen-Disco der Welt.

Es gibt viele gute Gründe, über FRA zu fliegen. Dieser ist sicher einer der schönsten. Gönnen Sie sich das Vergnügen, auch diese, „andere" Seite von FRA zu entdecken.

Flughafen Frankfurt Main AG

Rad-Touren

Die 10 besten Rad-Touren

1. **Im Nördlichen Hochtaunus** Die 57 km Rundfahrt von Grävenwiesbach an die Lahn
2. **Durch den Westerwald** Die 30 km Rundfahrt von Löhnberg zum Seeweiher
3. **Im Schöffengrund** 32 km Rundfahrt von Wetzlar zum Cleeberg
4. **Durch den Naturpark Rheingau** 35 km Rundfahrt von Bad Schwalbach an die Aar.
5. **Im Südlichen Hochtaunus** Die 23 km-Profitour am Großen Feldberg
6. **Rund um den Edersee** Die »kleine« 40-km-Tour und die große 62 km-Tour
7. **Der Diemelsee für Mountainbikers** Die 35 km-Tour mit »harten« Abstechern.
8. **Durch den Burgwald** Fahren ab Rosenthal, wohin man will
9. **Das Dautphe-, Lahn- und Perftal** Die 37 km-Tour der Täler
10. **Über die Struth** 33 km fremde Welt hinter Dillenburg

Zwischen 30 und 60 Kilometer Tagesstrecke: So kommt man auf Touren. Foto: Jan Erik Posth

Rad-Touren in Hessen sind naturgemäß mit eher großen Steigungen verbunden, aber auch mit wunderbaren, von Autos wenig befahrenen Straßen (in den Karten rot und violett markiert). Hier sind die schönsten Strecken in Hessen

Im Nördlichen Hochtaunus

57 km Rundfahrt von Grävenwiesbach an die Lahn

Grävenwiesbach – Hundstadt – Aumenau – Fürfurt – Kubach – Braunfels – Altenkirchen – Grävenwiesbach.

Grävenwiesbach mitten im Hochtaunus ist für Radfreunde eine Art Verkehrsknotenpunkt. Von hier aus lohnen sich in fast jede Richtung lange, aber abkürzbare Touren mit einigen gewaltigen Steigungen. Von Grävenwiesbach geht unsere Strecke zunächst südlich nach Hundstadt und weiter bergab beständig nordwestlich Richtung Lahn: Richtung Winden, dort links ein sehr schönes Stück etwas bergan bis zur Wegkreuzung an der Heideneiche und weiter bergab nach Neumünster an der Lahn. Hier rechts direkt an der Lahn entlang bis Fürfurt, rechts bergauf nach Weinbach und dort links am Weinbach entlang bis zur Kubacher Kristallhöhle, die eine unbedingte Pause, sprich Besichtigung, wert ist. Von der Höhle weiter nach Kubach und Hirschhausen. In Hirschhausen an der Kirche links den nordöstlichen Forstweg nach Braunfels. Hier geht es nun wieder nach Süden, in Braunfels zunächst in

Durch drei Täler: entlang der Lahn, der Perf und der Dautphe

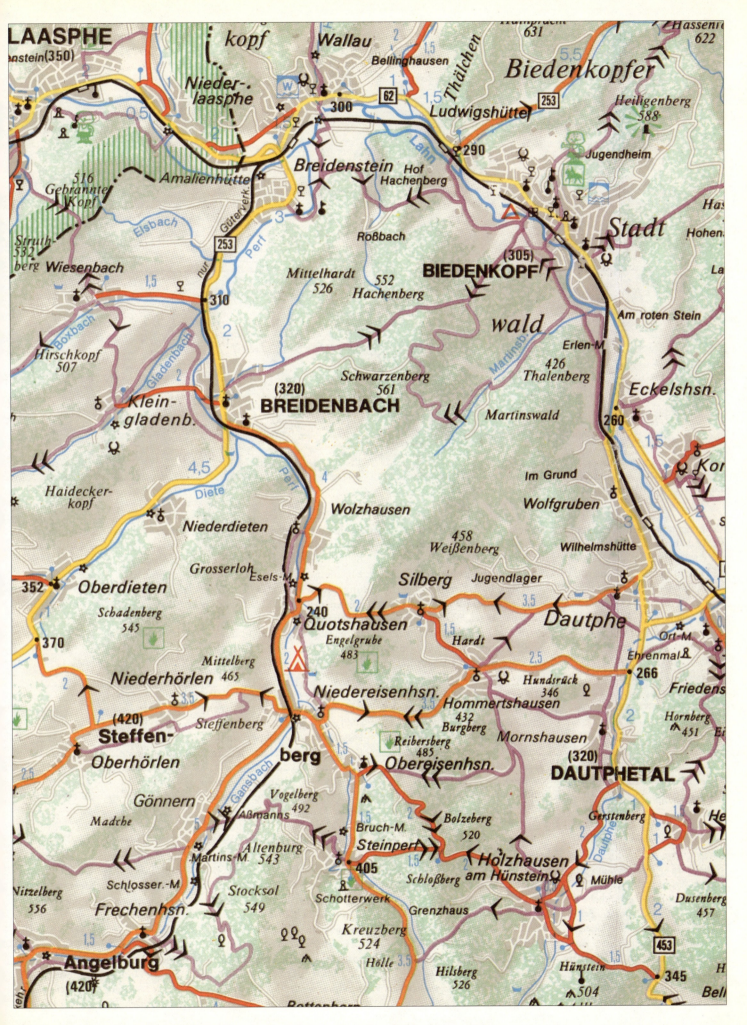

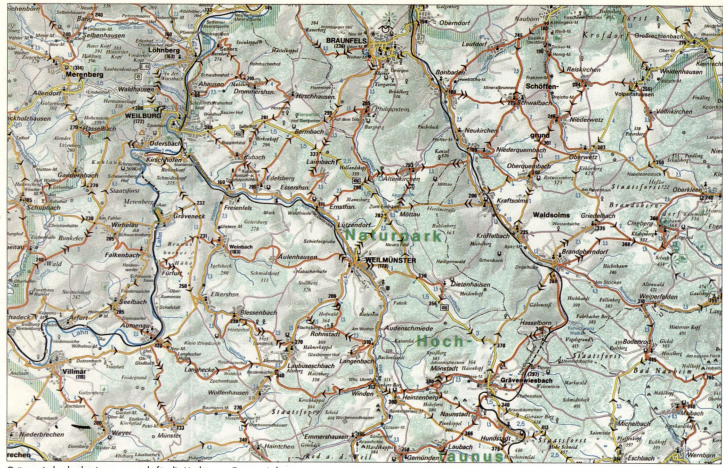

Grävenwiesbach: der Ausgangspunkt für die Hochtaunus-Tour zur Lahn.

Richtung St. Georgen und durch den Wald nach Altenkrichen, über den Berg nach Möttau, dort links die Hessenstraße in Richtung auf Kraftsolms, nach 500 Meter aber bereits rechts in den Wald hinein nach Dietenhausen. Am Ortsende rechts und noch fünf schlappe Kilometer Endspurt.
Anfahrt nach Grävenwiesbach: B 456 zwischen Weilburg und Oberursel bei Frankfurt.

 F 45 min; Wi 60 min; Fu 120 min; Ka 150 min; Gi 45 min; Da 70 min.

Durch den Westerwald

30 km Rundfahrt von Löhnberg zum Seeweiher

Löhnberg – Barig – Rückershausen – Seeweiher – Seeköppel – Winkels – Hermannsberg – Löhnberg

Löhnberg an der Lahn, unweit von Weilburg, ist der Ausgangspunkt für eine gemütliche Tour vor allem im Sommer. Zahlreiche Gasthäuser und ein kleiner Badesee, der Seeweiher, laden zu Verschnaufpausen ein. In Löhnberg geht es am Vöhler Bach entlang nach Barig, hier links herauf mit einer kräftigen Steigung über 2,5 km und Reichenborn, bis man automatisch auf den Seeweiher am Ende der Straße stößt. Die erste Etappe. Die zweite führt nördlich nach Seeköppel, hier rechts bergab nach Winkels. In Winkels links in einen befestigten Forstrundweg durch den Wald. Dort sich an der einzigen nennenswerten Gabelung rechts halten. Man gelangt zum Heiligenhäuschen und weiter nach Dillhausen. Den Weg geradeaus am Welschbach entlang, der an der Engelmannmühle mündet. Und links wieder zurück nach Löhnberg.
Anfahrt nach Löhnberg: Über die B 49 von Gießen über Wetzlar an der Lahn entlang.

 F 60 min; Wi 80 min; Fu 120 min; Ka 150 min; Gi 30 min; Da 90 min.

Durch den Schöffengrund

32 km Rundfahrt von Wetzlar zum Cleeberg

Wetzlar – Reiskirchen – Oberwetz – Oberkleen – Niederkleen – Cleeberg – Griedelbach – Oberquembach – Niederwetz – Wetzlar

Der Schöffengrund südlich von Wetzlar ist mehr Reitern, weniger aber Radfahrern bekannt. Obwohl die Strecke bis zum Cleeberg größtenteils an Reitwegen entlang führt, ist nicht mit Speichenbruch zu rechnen, aber mit zwei Idyllen: dem Cleebachtal und dem Schöffengrund. Von Wetzlar geht es zunächst südwestlich bis Eisenhardt am Ortsausgang. Hier führt links ein Waldweg direkt in den Krofdorfer Forst und mündet bei Reiskirchen. In Reiskirchen hinter der Kirche setzt sich der Forstweg südlich fort bis Oberwetz. Man könnte ihn weiter fahren, um die Route abzukürzen. Unsere Tour aber führt links durch Oberwetz, den Schildern Richtung Oberkleen folgend. An der Kreuzung nach 3,5 km aber noch nicht nach Oberkleen abbiegen, sondern geradeaus auf einer wunderschönen Strecke, den Findlingen am Schalsberg vorbei, weiter östlich nach Niederkleen. Hier rechts immer entlang des Cleebachs, durch Oberkleen hindurch, bis zum Cleeberg. Eine Rast auf der Hälfte der Strecke sei hier gegönnt. Und dann weiter bis nach Griedelbach. Hier nördlich – für die bereits Erschöpften immer geradeaus wieder durch den Wald zurück – für die noch Frischen aber links am Rauenhain vorbei und nochmal links in den Wald nach Oberquembach. Dort im Ort rechts und nördlich nach Niederwetz – durch den idyllischen Schöffengrund – zurück nach Wetzlar.
Anfahrt nach Wetzlar: Über die B 49 östlich von Gießen, Autobahn E 41 Abfahrt Wetzlar.

 F 60 min; Wi 80 min; Fu 120 min; Ka 150 min; Gi 15 min; Da 90 min.

Durch den Naturpark Rheingau

35 km Rundfahrt von Bad Schwalbach an der Aar

Bad Schwalbach – Dickschied – Nauroth – Langschied – Huppert – Laufenselden – Bad Schwalbach

Diese Strecke, obwohl nicht länger als andere, ist wegen erheblicher Steigungen empfehlenswert vor allem für fortgeschrittene Fahrer, die allerdings reichlich mit Einsamkeit und Abgelegenheit belohnt werden. Wenige Siedlungen, dafür zahlreiche Täler auf einer der schönsten und schwersten Strecken in Hessen. Schwer schon gleich zu Anfang, weil es einige Mühe macht, den Einstieg und den richtigen Tritt zu finden. Denn an der B 260 westlich von Bad Schwalbach geht es zum Weißen Stein gleich sehr steil hinauf und auf der Höhe nun immer weiter gen Westen am Dornbach entlang bis zum Abzweig nach Dickschied – einer zweiten steilen Strecke innerhalb kurzer Zeit. Doch es lohnt sich. 7,5 Kilometer fährt man nach Norden bis zur Kreuzung Richtung Laufenselden. Wer nicht an der Straße entlangzockeln will, biegt nach einem Kilometer rechts ab nach Langscheidt, durch den Ort hindurch, die B 260 überquerend durch den Wald nach Huppert – einem idyllischen, von jedem Verkehr weit entfernten Dorf. Hinter Huppert geht es links nach Norden bis Laufenselden, dort rechts entlang des Dörsbachs bis Reckenroth, hier rechts steil bergab in das wunderschöne Aartal, das man bis Bad Schwalbach wie eine Belohnung nach der ersten Steilfahrt bei Etappenbeginn hinabrollt.

Anfahrt nach Bad Schwalbach: B 54 zwischen Limburg und Wiesbaden

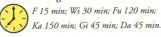
F 45 min; Wi 15 min; Fu 150 min; Ka 180 min; Gi 60 min; Da 75 min.

Im Südlichen Hochtaunus

Die 23 km-Profitour am Großen Feldberg

Bad Homburg – Sandplacken – Großer Feldberg – Reifenberg – Schmitten – Bad Homburg

Die jährliche Austragung des Frankfurter Radrennens »Rund um den Henninger Turm« findet hier seinen strapaziösen Höhepunkt: Bei der Auffahrt zum Großen Feldberg. Dem »Umweg« dieses Rennens über Höchst und Wiesbaden darf man sich getrost mal sparen, um sich auf dieses Kernstück zu konzentrieren. Ab Bad Homburg nordwestlich durch die Elisabethenschneise gelangt man zum Sandplacken. Für die weniger Sportlichen beginnt der Aufstieg gleich: südöstlich den Feldberg hoch, wieder runter, nach Niederreifenberg und rechts entweder gleich zum Sandplacken zurück (dann aber bitte nochmal die Tour) oder geradeaus nach Oberreifenberg und über Schmitten zurück. Oder – und nur das ist die wahre Profi-Tour – andersrum. Erst Schmitten, dann nach Oberreifenberg und die steilere Auffahrt zum Feldberg.

Anfahrt nach Bad Homburg: Autobahn A 5 bei Frankfurt, Abfahrt Bad Homburg

F 15 min; Wi 30 min; Fu 120 min; Ka 150 min; Gi 45 min; Da 45 min.

Rund um den Edersee

Die »kleine« 40-km-Tour und die große 62 km-Tour

Waldeck – Hemfurth – Bringhausen – (Gellershausen – Frankenau – Schmittlotheim) – Herzhausen – Vöhl – Nieder-Werbe – Waldeck

Der Edersee ist Hessens größtes Sportler-Paradies: Auch für Radfahrer, die immer 40 Kilometer ohne allzu heftige Ansteigungen fahren, um Hessens größten Stausee zu umfahren. Am südlichen Edersee-Ufer führt der Weg am Wasser entlang, nördlich des Sees geht es ins Landesinnere. Ob man zuerst im Landesinneren und dann am Ufer fahren möchte oder umgekehrt, macht vom Grad der Steilheit des Wegs keinen Unterschied. Die größere Tour entfernt sich auch vom Südufer. Bei der Ortseinfahrt in Bringhausen – von Waldeck aus südlich – geht es links eine eklatant steile Strecke nach Süden: dafür durch herrlichen Wald, dann wieder bergab, bis man bei Emdenau an den Wesebach stößt, und rechts weiter nach Frebershausen, weiter ansteigend nach Frankenau. In Frankenau rechts Richtung Altenlotheim und weiter nach Schmittlotheim bergab an die Eder. Nördlich von Schmittlotheim läßt sich die Eder überqueren, um noch einmal – falls dies noch erwünscht ist – einen Steilhang nach Buchenberg zu bezwingen. Von dort rechts nach Herzhausen und hier entweder südlich am Ederseeufer zurück oder beherzter nördlich über Vöhl und Nieder-Werbe nach Waldeck.

Anfahrt nach Waldeck: Autobahn E 45 Kassel, Abfahrt Melsungen, dann die B 253 Richtung Bad Wildungen, dort auf die B 485 nach Waldeck.

F 15 min; Wi 30 min; Fu 120 min; Ka 150 min; Gi 45 min; Da 45 min.

 APFELWEINE VON HÖHL HOCHSTADT. SEIT 1779.

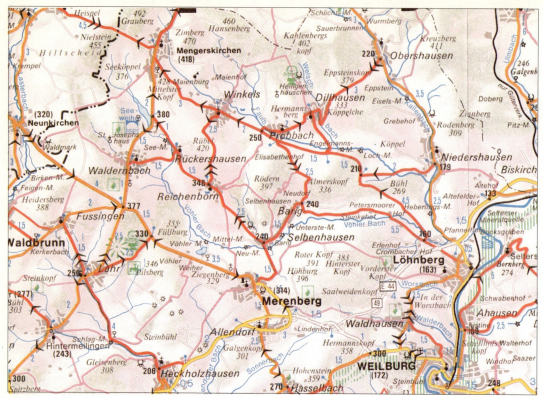

Erholsam auch für Ungeübte: zum Seeweiher im Westerwald.

Der Diemelsee für Mountainbikers

Die 35 km-Tour mit »harten« Abstechern

Giebringhausen – Ottlar – Rattlar – Bontkirchen – Helminghausen – Heringhausen – Giebringhausen

Ungleich kleiner als der Edersee, ist der Diemelsee eigentlich keine Herausforderung für eine Radtour: Es wäre eine kleine Spazierfahrt am Ufer, während die Umgebung, insbesondere der Süden des Diemelsees, eine Gegend so richtig zum Austoben ist. Keuchend steil bergauf, atemberaubend steil bergab. Darum wählten wir als Ausgangspunkt auch nicht den See selbst, sondern Giebringhausen im Süden. Von dort geht es steil westlich und dann linker Hand steil bergauf nach Ottlar und weiter geradeaus mit nicht unerheblichen Steigungen ins hessische Upland. 1,5 km hinter Ottlar kann man rechts vorzüglich abenteuerliche Waldwege nach Norden in Richtung Diemelsee entlangbrausen, die sich wirklich steil bergab vor allem kurz vor Stormbusch fahren lassen. Diese Ecke ist ein Eldorado für Mountainbike-Fahrer. Das Vergnügen verlängert sich, wenn man von Ottlar die Strecke geradeaus bis Rattlar durchzieht und erst hier links Richtung Norden abbiegt, steil in Haarnadelkurven bis ins Tal des Aarbach hinunter und diesem über Bontkirchen Richtung Diemelsee folgt, den Diemelsee nördlich am Ufer umfährt und über Schirrhof nach Heringhausen ans Ostufer fährt. In Heringhausen gelangt man südlich wieder zurück nach Giebringhausen.

Anfahrt nach Giebringhausen: A 44 Kassel-Dortmund, Abfahrt Breuna, ab Breuna rechts über die B 7 nach Arolsen, dort über die Kreisstraße 28 km nach Giebringhausen.

 F 180 min; Wi 180 min; Fu 150 min; Ka 60 min; Gi 150 min; Da 210 min.

Durch den Burgwald

Fahren, wohin man will

Rund um Rosenthal

Mit zu den ausgiebigsten Radtouren, die man in Hessen unbehelligt von Autos unternehmen kann, gehören die durch den Burgwald nördlich von Marburg. Nirgendwo sonst existiert soviel für Radler befahrbarer Wald, sind Berg- und Talfahrten so nivelliert und entsprechend wenig anstrengend, fast nirgendwo sonst gibt es soviel stille Natur – Menschen trifft man hier fast kaum. Eine Tour-Empfehlung auszusprechen ist fast unmöglich. Ab Rosenthal ist jede Richtung, die man einschlägt, die eigentlich richtige. Längere Fahrten sind vor allem nach Süden Richtung Cölbe oder nach Nordosten Richtung Haina zu empfehlen. Doch in diesem Fahrradparadies ist auch jeder andere Weg ein Garant dafür, in der Weite der Forsten vor allem zu einem Ziel zu gelangen: zu sich selbst. Auch ohne Radwanderkarte, weil abseits des Autoverkehrs. Allenfalls ein Kompaß kann ein dienliches Instrument sein: nicht, weil der Burgwald labyrinthisch wäre, sondern nur, um sich in der Weite eine ungefähre Orientierung zu bewahren. Ankommen wird man in dieser paradiesischen Gegend sowieso. Auch wieder in Rosenthal.

Anfahrt nach Rosenthal: Ab Marburg die B 3 nach Norden, Abzweig links über Bracht nach Rosenthal.

 F 90 min; Wi 100 min; Fu 60 min; Ka 70 min; Gi 60 min; Da 120 min.

Eine Herausforderung: die Rheingau-Tour ab Bad Schwalbach.

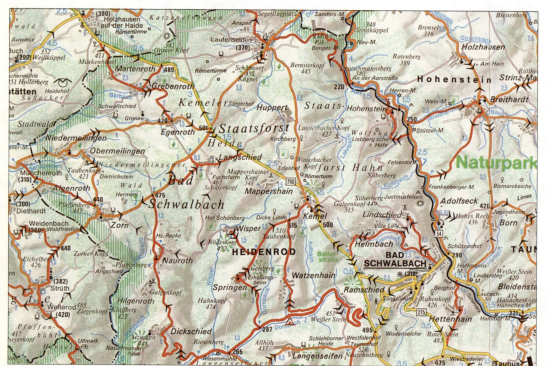

Das Dautphe-, Lahn- und Perftal

Die 37 km-Tour der Täler

Dautphe – Wolfgruben – Biedenkopf – Breidenstein – Wiesenbach – Kleingladenbach – Breidenbach – Obereisenhausen – Holzhausen – Dautphe

Die Dautphe ist ein winziger Zufluß zur Lahn zwischen Biedenkopf und Lahntal. Und, wie selbst die kleinsten Täler in dieser Region, vom Verkehr belastet. An der Dautphemündung der Lahn findet man sich allerdings angenehm überrascht. Denn hier gibt es eine Strecke, die fast frei von Autofahrern ist und entsprechend streßfreier zu bewältigen ist. Es geht durch gleich mehrere kleine, idyllische Bachtäler. Ausgangspunkt ist der Ort Dautphe, von dem aus es links von der B 453 durch das Tal über eine reizvolle Nebenstrecke geht, der man bergab an der Lahn westlich über Wilhelmshütte und Wolfgruben Richtung Biedenkopf folgt. Sportliche Talfahrer können einen Kilometer hinter Wolfsgruben schon mal das Tal des Martinsbaches bachaufwärts bezwingen und über den Schwarzenberg wieder nach Biedenkopf herunterfahren. Sonst bleibt man auf der linken Lahnseite und biegt hinter Biedenkopf, beim Hof Hachenberg (bevor der Weg die Lahn überquert), links hoch ins Tal der Perf, 3 km entlang der B 253, und dann rechts ab nach Wiesenbach ins Tal des Boxbachs. Nach anderthalb Kilometer wechselt man den Bach nach links, nach Kleingladenbach ins gleichnamige Tal und dort westlich nach Breidenbach, rechts und wieder entlang der Perf. In Steffenbach links Richtung Holzhausen am Hünstein über den Berg – der einzige schwierige Part der Tour. Holzhausen, zum Dank für die Strampelei, aber liegt am Oberlauf der Dautphe, und von nun an gehts bergab – durch das romantische Dautphetal bis Dautphe.

Anfahrt nach Dautphe: B 3 zwischen Gießen und Marburg, Abfahrt B 453 Weimar, nach 36 km Abzweig Dautphe

 F 90 min; Wi 100 min; Fu 90 min; Ka 120 min; Gi 60 min; Da 120 min.

Über die Struth

33 km fremde Welt hinter Dillenburg

Dillenburg – Frohnhausen – Weidelbach – Offdilln – Fellerdilln – Rodenbach – Haiger – Dillenburg

Nordöstlich von Dillenburg wird die Welt unheimlich: nicht, weil an der Haincher Höh Hessen endet, sondern weil die Besiedlung schlagartig aufhört. Plötzlich, kaum hat man die Struth, den Bergzug gegenüber von Dillenburg mit dem Rad erklommen, hört die eine Welt auf und eine andere beginnt. Verläßt man Dillenburg in Richtung Frohnhausen und klettert zunächst unter einigen körperlichen Strapazen hier das Tälerwasser empor, am Hatzkopf vorbei, übersieht man zunächst das Roßbachtal und die Bergzüge, die sich dem Auge noch entziehen. Und fährt man dann nach Oberroßbach hinunter, biegt rechts ab nach Weidelbach und wagt sich weiter, links hoch nach Kolbenberg und dann nach Dillberg in das Mündungsgebiet der Dill, dann könnte hier entweder die Welt zu Ende sein oder in einer Sackgasse stecken. Ist das wirklich noch eine Fahrradtour – oder vielmehr eine Radexpedition ins hessische Hinterland? Man hat seine Ruhe; manche nutzen diese Umgebung, um per Pedale sich »leer« zu fahren, den Kopf zu entspannen, das Weite zu suchen. Bei Offdilln schließlich führt der Weg durch das einsame und ruhige Dilltal zurück. Bis Dillenburg kann man, auch wenn die Besiedelung allmählich wieder zunimmt, sehr schön direkt entlang der Dill fahren: Eine Strecke, die die ersten Strapazen beim allmählichen Erklimmen des einsamen Dillquellgebiets wieder vergessen lassen und manchen Insidern unter den Tourenfahrern als Droge dient: Ewig Berg-und-Tal immer tiefer in die Abgeschiedenheit und dann ganz langsam wieder in die besiedelte Welt zurückkehren.

Anfahrt nach Dillenburg: Über die A 45 (Sauerlandlinie) Richtung Siegen, Abfahrt Dillenburg.

 F 90 min; Wi 110 min; Fu 100 min; Ka 150 min; Gi 30 min; Da 120 min.

Hassia Leicht:
Viel Geschmack.
Wenig Kohlensäure.

Sport-Touren

Mit dem Fallschirm vom Himmel fallen, mit Drachen oder Heißluftballon aufsteigen — oder die Kurve kratzen: beim Golfen, Reiten, Surfen. Hessen ist ein Eldorado für abenteuerliche Sportarten.

Von Martin Orth (Text))

Bild rechts: Tandem-Fallschirmspringen über Hessen – vom Feinsten. (Foto: Jan-Erik Posth)

Die 10 aufregendsten Sport-Touren

1 **Tamdem-Fallschirmspringen in Kassel** Ein Fall für Zwei

2 **Drachenfliegen im Hochtaunus** Wie wenn ein Vogel flügge wird

3 **Ballonfahren über Cölbe** Luftschlösser erobern

4 **Skispringen am Hohen Meißner** Mal richtig abheben

5 **Windsurfen in der Sehring-Grube** Der beste Wind im Land

6 **Golf in Schotten öffentlich** Wo gibt's das schon

7 **Der Golfomat in der Taunustherme** Wie Bernhard Langer spielen

8 **Reiten in Niederrad** Einmal Jockey sein

9 **Auf der Loipe im Ederbergland -** Skifahren an der Sackpfeife

10 **Rollski an der Nidda** Auf schneelosen Loipen

Tandem-Fallschirmspringen in Kassel

Ein Fall für Zwei

Ob acht oder achtzig, hier können Sie aus allen Wolken fallen, ohne eine Bauchlandung zu machen. Ihr Tandemmaster ist immer bei Ihnen. Einzige Bedingung: Sie müssen größer als 140 Zentimeter sein und dürfen nicht mehr als 90 Kilogramm wiegen. Nach 20minütiger Einweisung geht's mit der Cessna Caravan los in 4000 Meter Höhe. Vom Absprung bis zur Öffnung des Schirms auf 1500 Meter dauert's nur 40 Sekunden, die Gleitzeit beträgt ca. 5 Minuten. Keine Bange. Für Ihre Sicherheit sorgt »Cypres«, das modernste verfügbare, computergesteuerte Sicherheitssystem. Außerdem ist die AFS die bisher einzige Schule Deutschlands, die vom Luftfahrtbundesamt zur Ausbildung von Fallschirmspringern anerkannt ist. Nachher gibt's eine Urkunde. Gefeiert werden kann im gemütlichen Bistro.
Aero Fallschirm Sport, Flughafen Kassel, 3527 Calden, Tel. 05674/ 4119, Anmeldung: jederzeit, wenn es das Wetter erlaubt. Anruf genügt. Preis: 290 Mark

 F 150 min; Wi 180 min; Fd 105 min; Ks 30 min; Gi 120 min; Da 180 min.

Drachenfliegen im Hochtaunus

Wie wenn ein Vogel flügge wird

Ikarus' Traum ist in der Sonne zerschmolzen, Ihr Traum vom Fliegen kann jedoch bei (fast) jedem Wetter noch wahr werden: Mit zwei Flügeln auf dem Rücken abheben. Lautlos dahinschweben, von der Thermik getragen, vogelfrei – um das zu erreichen, läßt man sich das Fliegen bei der Drachenflugschule auf dem Feldberg beibringen. Geübt wird in Schmitten-Brombach, Niederreifenberg oder Ehlhalten – und zwar bis man's kann. Der Anfängerkurs gilt das ganze Jahr für mindestens 100 Start- und Landeübungen. Man braucht also nicht mehr als gute Laune, knöchelhohe Sportschuhe und ein wenig Mut. Und der Bammel ist schnell verflogen. Profis wagen sich später auf die steile Feldbergschanze. Die anderen begießen ihren ersten Versuch in der »Weilquelle« in Niederreifenberg.
Drachenflugschule Feldberg/Hochtaunus, Breslauer Straße 2, 6204 Taunusstein 4, Tel. 06128/ 8190, Anmeldung: täglich außer montags. Anruf genügt, Preis: 575 Mark

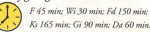 *F 45 min; Wi 30 min; Fd 150 min; Ks 165 min; Gi 90 min; Da 60 min.*

Ein unvergleichliches Gefühl: Drachenfliegen auf dem Feldberg. (Foto: Ulli Kollenberg)

Ballonfahren über Cölbe

Luftschlösser erobern

Ballonfahren ist »in«. Doch seitdem Deutschland den Weltmeister stellt, sind die Stehplätze am Himmel rar geworden. Der Kurhessische Verein für Luftfahrt aber macht's möglich: Als der günstigste Anbieter in Hessen bringt er Sie mit Sekt zur Debütantentaufe in den siebten Himmel. Also anmelden und mitfahren (denn man fährt einen Ballon, und fliegt ihn nicht). Auch wenn die Anmeldezeit recht lang ist, umso länger dauert die Vorfreude.
Am Flugplatz 10, 3553 Cölbe/ Schönstadt, Tel. 06421/ 22044 (Hr. Becker), Anmeldung: acht Wochen vorher, Preis: 250 DM.

 F 60 min; Wi 75 min; Fd 60 min; Ks 90 min; Gi 30 min; Da 90 min.

Skispringen am Hohen Meißner

Mal richtig abheben

Im Wintersportgebiet Hoher Meißner gibt es zwei Skisprungschanzen. Die in Großalmerode ist 36 Meter lang, die Laudenbachschanze in Retterode (Stadtteil von Hessisch-Lichtenau) 30 Meter (plus Anfängerschanze von 14 Metern): für alle, die sich trauen, abzuheben. Bodenständige dagegen nehmen den Skiwander-Rundkurs, der durch märchenhafte Landschaft führt, oder eine der zahlreichen Abfahrten: z. B. vom Berggasthof Hoher Meißner und von der »Weizenkamme« die 1,2 km-Abfahrt. Die Naturfreunde bieten Ski- und Langlaufkurse: Sa 14-16 Uhr, So 10-12 und 13-15 Uhr. Anmeldung bis 30 min. vor Beginn im Meißnerhaus, Tel. 05602/ 2375.
Anfahrt: Von Kassel die A 7 bis Abfahrt Melsungen, dann die B 487 nach Hessisch-Lichtenau.

 F 150 min; Wi 165 min; Fd 120 min; Ks 30 min; Gi 120 min; Da 180 min.

Windsurfen in der Sehring-Grube

Der beste Wind im Land

Surfen, dafür eignet sich in Hessen am besten der Langener Waldsee, unter Insidern auch als Sehring-Grube bekannt. Die Rhein-Main Surf-Elite trifft sich dort, weil der See hinsichtlich Größe und einer konstanten Windrichtung der geeignetste in Hessen ist. Am Wochenende geht es hier heiß zu, trotz 50 Hektar Wasserfläche. Aber unter der Woche ist und bleibt er die Nummer eins der Surfteiche. Für Anfänger: für 260 Mark hilft Thomas Arnold ihnen auf die Bretter und perfektioniert das Stehvermögen bis zum Surfschein. Wer die Sache dann richtig im Griff hat und wem das Brett nicht mehr unter den Füßen wegdreht, wie es will, der kann sich für den alljährlich am ersten Samstag im August stattfindenden »Bembelcup« auf dem Main (Höhe Eiserner Steg) anmelden (Tel. 069/ 761010) bei Windsurfing Rhein-Main.
*Surfschule Thomas Arnold, Schillerstraße 45, 6073 Egelsbach, Tel. 06103/ 23081, Anmeldung: telefonisch acht Tage vorher, Preis: 260 Mark
Anfahrt zur Sehring -Grube (Langener See) über die B 44 Richtung Groß-Gerau. Hinter Zeppelinheim ausgeschildert als »Kieswerk«.*

 F 30 min; Wi 45 min; Fd 135 min; Ks 180 min; Gi 60 min; Da 30 min.

Golf, in Schotten öffentlich

Wo gibt's das schon

Der einzige und zugleich älteste öffentliche Golfplatz Deutschlands ist der Golfplatz Schotten (seit 1974). Er ist nicht nur für seine angenehm ungezwungene Art bekannt, sowie für seine besonders umweltgerechte Gestaltung der Anlage, sondern auch durch Les Bolland. Der ehemalige britische Golfprofi lehrt – wenn nicht in Marktheidenfeld bei Würzburg – hier seine »Swing-Golf-Methode«. Weg vom rein technischen Erlernen, hin zum »natürlichen Schwingen« ohne körperliche und mentale Verkrampfung: »Harmony and Fun.« Wer ihn direkt anrufen will: Tel. 06056/ 3538.
*Golfclub Schotten, Lindenstraße 5 (Ortsteil Eschenrod), 6479 Schotten, Tel. 06044/ 1375, Anmeldung: nach Rückfrage
Preis: 150 Mark mit Lehrer, sonst 20 Mark/ Tag pro Werktag, Sa/So 50 Mark.*

 F 90 min; Wi 100 min; Fd 30 min; Ks 100 min; Gi 30 min; Da 120 min.

DIE WELT
DER FEINSCHMECKER

DIE INTERNATIONALE.

Unsere BRASSERIE startet den Tag um 6.30 Uhr mit einem riesigen Frühstücksbuffet. Für den großen Appetit, für den kleinen Hunger, für den Gesundheitsbewußten, für die ‚schnellen' Frühstücker. Mittags gibt es ein internationales Lunch-Buffet, das füllt aber nicht fällt, abends à la carte, mit täglich wechselnden Spezialitäten. Sonntags ab 11.30 Uhr kommen Groß und Klein zum Schlemmer-Buffet ‚Vive le Brunch'.

DIE FRANZÖSISCHE.

In unserem Gourmet-Restaurant PREMIERE kocht unser Küchenchef Heinz Imhof französisch. Seine Spezialität sind die Früchte des Meeres. Täglich frisch und selbstverständlich à la minute. Das Ambiente ist elegant, der Service perfekt und die Weinkarte auserlesen.

DIE DEUTSCHE.

Es gibt auch rustikale Schmankerln in unserer Welt des Lukulls: in der Bierstube ZUR POSTHALTEREI. So richtig gemütlich ist's, bei einem frisch gezapften Pils.

DIE KLASSISCHE.

Im CAFE BOULEVARD – im Atrium der Hotel-Lobby – gibt es ein Croissant-Frühstück, kleine Snacks zum Lunch und süße Kreationen zum Nachmittags-Kaffee oder ‚Five O'Clock Tea'. Dazu unterhält Sie unser Pianist. Am Freitag trifft sich Frankfurt zur Fernseh-Talkshow ‚Zeil um Zehn'.

DIE SWINGENDE.

Unsere Bar RHAPSODIE lädt ein zur ‚Happy Hour' ab 17.30 Uhr. Später heißt es dann ‚Lets Dance'. Mit Livemusik (ab 21.00 Uhr) von internationalen Bands.

DIE FERNÖSTLICHE.

Als Ergänzung und Alternative zu unserem internationalen Angebot finden Sie ein chinesisches Restaurant und eine kleine Sushi-Bar.

ARABELLA GRAND HOTEL FRANKFURT

Konrad-Adenauer-Strasse, 6000 Frankfurt/Main, Telefon 069/29 81-0 · Telefax 069/29 81-810

Wenn Ihnen Hessen am Herzen liegt, werden auch Sie sich über kurz oder lang zu uns auf den Weg machen. In unsere Abteilung "Hessen im Buch" im 1. Obergeschoß der Buchhandlung Hugendubel in Frankfurt, Steinweg 12. Sie werden überrascht sein.

Der Golfomat in der Taunustherme

Wie Bernhard Langer spielen

Sind Ihnen Golfplätze zu langweilig? In Bad Homburg können Sie für 20 Mark die Stunde auf den berühmtesten Golfbahnen der Welt spielen – allerdings nur simuliert. Seit März stht in der Taunustherme (06172/ 40640) ein Golfomat. Der Spieler schlägt den Ball vom Filzrasen auf eine Leinwand, Fotozellen messen den Druck, mit dem er auftrifft und simulieren seinen Flug. Die Stelle, an der er landet, wird neu eingeblendet. Eine Anzeige signalisiert, wieviel Yards er noch vom Loch entfernt ist. Für Anfänger steht montags und mittwochs von 15-18 bzw. freitags von 14-17 Uhr gegen Aufpreis ein Lehrer bereit.
Weitere sogenannte Indoor-Anlagen finden Sie in Kelkheim, Industriestraße 2 und in Kronberg-Oberhöchst in der Steinbacher Straße 42, Tel. 06173/ 65999

 F 15 min; Wi 30 min; Fd 135 min; Ks 180 min; Gi 60 min; Da 45 min.

Reiten in Niederrad

Einmal Jockey sein

In Niederrad – da, wo sonst Pferde in der Rennbahn genauso aus der Puste kommen wie die Pferdewetter auf den Tribünen – bietet die Reitanlage Waldfried Pferdenarren individuellen Unterricht, und das auf Pferden, die noch voll in Wettkämpfen eingesetzt werden. Unterricht gibt es im Reitstall oder im nahegelegenen Karl von Weilberg-Park. Und anders als in anderen Gestüten, benötigt man hier kein eigenes Pferd, um alleine auszureiten. Man muß aber bewiesen haben, daß man mit einem Pferd umgehen kann. Empfehlenswert ist es für Gelegenheitsausritte, ein paar Reitstunden zu nehmen, um mit dem Pferd vertraut zu werden.
Reitanlage Waldfried, Golfstraße 25, 6000 Frankfurt 71, Tel. 069/ 6667117, Preis pro Stunde 38 Mark Anfahrt: Die A 5 nach Frankfurt, Abfahrt Niederrad. Links auf das Schwanheimer Ufer, zweite Möglichkeit links in den Tannenkopfweg. Geradeaus Am Försterpfad fahren, die in die Golfstraße mündet.

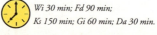 *Wi 30 min; Fd 90 min; Ks 150 min; Gi 60 min; Da 30 min.*

Auf der Loipe im Ederbergland

Skifahren an der Sackpfeife

Ski und Rodel gut heißt es hier, denn das Ederbergland ist noch nicht so überlaufen und teuer wie andere Wintersportgebiete in Hessen. Und für alle Wintersportler wird etwas geboten. Die Langläufer finden hier ein Loipenparadies von über 16 Kilometern. Zu einem Rundlauf startet man am besten am Parkplatz »Sackpfeife«. Der Schwierigkeitsgrad der Loipe bewegt sich zwischen mittel und schwer. Als Abfahrer fährt man im Sessellift zur Bergstation »Sackpfeife« hinauf (hier gibt es auch ein großes Restaurant). Von dort kommen auch Rodler auf ihre Kosten: 480 Meter geht es auf einer Rodelbahn zu Tal. Anfänger können einen Skikurs belegen. Informationen gibt Rolf Müller, Tel. 06461/ 2189.
Anfahrt: Die B 3 zwischen Gießen und Marburg bis zum Abzweig bei Weimar, dort die B 453 in Richtung Biedenkopf. Dahinter die B 253 in Richtung Frankenberg. Bei Eifa auf der Landstraße nach links in Richtung Hatzfeld.

 F 100 min; Wi 100 min; Fd 150 min; Ks 120 min; Gi 60 min; Da 130 min.

Rollski an der Nidda

Auf schneelosen Loipen

Wenn Sie mal von der Rolle sind, steigen Sie um auf die Rollski. Vorteil: Man muß nicht lange auf Schnee warten und Spaß macht's auch. Klaus-Dieter Schulz, der in Frankfurt mit Sport-Pröstler (wegen der Anmeldung) zusammenarbeitet, zeigt Ihnen wie. Er muß es wissen: Schulz ist amtierender Weltrekordler. Er legte 426,4 Kilometer in 24 Stunden zurück. Der Bad Vilbeler trainiert jeden Dienstag um 19 Uhr an der Nidda mit seiner Gruppe. Der Einführungskurs findet am Waldstadion statt. Rollski, Stock und Schuhe werden gestellt, Kinder sind herzlich willkommen, im Herbst wird sogar Rollski-Biathlon angeboten.
Kontakt: Klaus-Dieter Schulz, Berliner Straße 53, 6368 Bad Vilbel, Tel. 06101/ 85780, Anmeldung: Anruf genügt, Preis: 30 Mark.

 F 30 min; Wi 45 min; Fd 140 min; Ks 180 min; Gi 60 min; Da 60 min.

WIE WÄR'S MIT ORIGINAL STATT KUNSTDRUCK

Nichts gegen eine gute Reproduktion von Rembrandts »Nachtwache« oder van Goghs »Schwertlilien«. Aber Reproduktionen fehlt nun einmal das, was ein echtes Kunstwerk immer noch ausmacht: die Einmaligkeit, die bei Rembrandt und van Gogh nicht zu bezahlen ist.

Aber auch bescheidenere Einrichtungswünsche sind oft ohne Hilfe nicht zu erfüllen. Darum fragen Sie Ihre Sparkasse, wenn Sie sich Ihren ganz persönlichen Luxus schon heute leisten wollen.

Wir machen uns gern Gedanken über die passende Finanzierung.

wenn's um Geld geht – Sparkasse

JOURNAL F

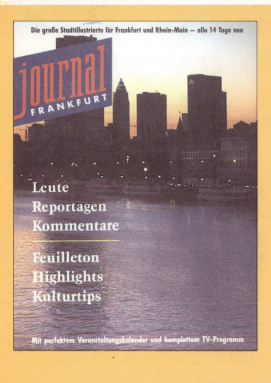

RHEIN-MAIN VOM BESTEN!
Aus dem gleichen Hause wie HESSEN VOM BESTEN: JOURNAL FRANKFURT – die große Illustrierte für das Rhein-Main-Gebiet. Alle zwei Wochen die Themen der Region in einem Heft. Kombiniert mit einem umfassenden Veranstaltungskalender und 30 Seiten Fernsehprogramm halten wir Sie auf dem laufenden. Testen Sie uns jetzt.

![Frankfurt skyline at sunset]

Foto: Harald H. Schröder/transit

DAS MAGAZIN:
JOURNAL FRANKFURT zeigt die Gesichter der Stadt. Kompetent und aktuell: Exklusive Berichte und aktuelle Reportagen, Essays, Kommentare und Informationen sowie Meldungen über bekannte Persönlichkeiten, recherchiert und geschrieben von erfahrenen Reportern und prominenten Autoren.

DAS PROGRAMM:
JOURNAL FRANKFURT bietet Service auf allen Ebenen: Der aktuellste und umfassendste Veranstaltungskalender der Region gibt eine zuverlässige Übersicht der Termine im Rhein-Main-Gebiet. Desweiteren bietet Journal Frankfurt ein vollständiges TV-Programm: Auf täglich zwei Farbseiten mit über 20 Kanälen.

DAS FEUILLETON:
JOURNAL FRANKFURT gibt Ihnen den umfassenden kulturellen Überblick: ausführliche Berichte, Interviews, Portraits und Kritiken zu neuen Filmen, Theateraufführungen und Ausstellungen. Dazu Hintergrundinformationen und alles über Kunst, Literatur und Konzerte in und um Frankfurt.

Stellen Sie uns auf die Probe. TESTEN SIE UNS! Sie können mit der Postkarte JOURNAL FRANKFURT drei Ausgaben GRATIS bekommen. Sollte die Karte fehlen – Testcoupon anfordern unter: 0 69 / 75 61 81-83

Bootstouren

Durch Hessen einmal anders: Mit dem Kanu oder Kajak über die Lahn und über den Altrhein. Boote lassen sich mieten. Und was kaum einer weiß: Für eine Woche Kanufahren kann man Bildungsurlaub einreichen.

von Manfred Schiefer

Auf hessischen Seen geht es nicht nur um Badespaß, sondern auch ums Paddelvergnügen. (Foto: Falk Orth)

Die 10 attraktivsten Bootstouren

1. **Über den Ginsheimer Altrhein** 12 km leichtes Wildwasser
2. **Über den Erfeldener Altrhein** 18,6 km paradiesische Natur
3. **Über die Lahn** 17,2 km zur Schleuse Oberbiel bei Odenthal
4. **Die Lahn von Weilburg bis Runkel** 26 km ab Deutschlands einzigem Schiffahrtstunnel
5. **Zu den Seligenstädter Fachwerkhäusern** Die Frühaufsteher-Tour mit dem Dampfer
6. **Die Fulda von Bebra nach Rotenburg** Eine Floßfahrt, die ist lustig
7. **Von Eschwege nach Witzenhausen** Ein Elefant auf der Werra
8. **Ausflug nach Rüdesheim** Mit der Primus-Linie
9. **Der Trais-Horloffer See** Segeln in der Grube
10. **Die Niddatalsperre im Vogelsberg** Für Segler und Surfer

Auf dem Ginsheimer Altrhein

12 km leichtes Wildwasser

Egal ob mit einem eigenen Boot, einem Leihkajak oder einem Leihkanu: Ausgangs- und Endpunkt dieser Tour ist in Ginsheim der Parkplatz an der Nato-Sonderstraße. Von hier aus geht es über den Altrhein stromaufwärts durch das Naturschutzgebiet Nonnenaue mit einer vielgestaltigen Tier- und Pflanzenwelt, wie man sie in der Nähe des großen Stromes kaum erwarten würde (in der Brutzeit vom 15. April bis 15. Juni sollte man die Tiere nicht unnötig aufschrecken). Gefahren wird vorerst bis zum Steindamm. Dort lädt ein Imbißstand mit schattigem Garten zum Verweilen ein. Verwegene können an einem Dammdurchlaß ihre Paddelkünste unter leichten Wildwasserbedingungen relativ gefahrlos auf die Probe stellen. Fast an jedem Wochenende demonstrieren dort auch Kanuten der umliegenden Kanuclubs ihre Fertigkeiten. Geübte Fahrer können für den Rückweg das Boot den Damm umtragen. Die Strömung des Rheins nutzend und auf den mitunter recht hohen Bugwellen der Schiffe schaukelnd, läßt sich der Heimweg entsprechend schneller absolvieren. Für weniger Abenteuerlustige empfiehlt es sich, die idyllische, gemütliche Altrheinstrecke wieder zurück zum Ausgangspunkt zu wählen.

Anfahrt: Von der A 66 Wiesbaden-Mainzer Straße die A 671 über Gustavsburg bis Abfahrt Ginsheim.

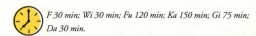

F 30 min; Wi 30 min; Fu 120 min; Ka 150 min; Gi 75 min; Da 30 min.

Kanufahren: Ein indianischer Traum in Naturschutzgebieten am Altrhein. (Foto: Thorsten Jansen)

Auf dem Erfeldener Altrhein

18,6 km paradiesische Natur

Die Tour beginnt am Altrheinufer in Erfelden (z.B. am Steg der TSG DA oder irgendwo am Ufer) und führt auf dem hier auch durch Motorboote befahrenen, lebhaften Teil erst nach Stockstadt. Weiterpaddelnd beginnt wenig später das sehr ruhige Naturschutzgebiet Kühkopf. Cirka 2,5 km hinter der Brücke befindet sich rechterhand ein verstecktes, zugewachsenes Treppchen, das zum Picknick einlädt und von dem aus man das Naturreservat auf der gegenüberliegenden Seite wunderbar überblicken kann. Danach geht es je nach Lust und Laune weiter, maximal bis zur Mündung in den Rhein. Um zum Ausgangspunkt zurückzukehren, sollte man hier wenden. Auf dem Rückweg kann man rechts an der Brücke anlanden und über einen kurzen Fußweg über die Brücke zu einer kleinen urigen Gaststätte (hervorragende Obstweine und kleine Leckereien) und weiter zu einer der wenigen aktiven, behäbig pumpenden Ölförderpumpen in Deutschland spazieren oder gleich ganz zurück bis zur Altrheinschenke in Erfelden.
Anfahrt: Die A 5 oder A 67 bis Darmstädter Kreuz, Abfahrt Griesheim. Die B 26 über Griesheim nach Riedstadt. Dort links auf die B 44 bis zur rechten Abzweigung Erfelden.

🕐 *F 60 min; Wi 45 min; Fu 135 min; Ka 150 min; Gi 60 min; Da 90 min.*

Bootsverleih an der Lahn

In Weilburg, neben dem Hallenbad, direkt an der Lahn, Tel. 0641/7671. Zweier-Kajak oder Dreier-Canadier 35,-DM/Tag, Einer-Kajak 30,-DM/Tag. Transportkosten: 1 Boot 30 DM; ab 2 Booten 20 DM je Boot. Pauschalangebot: 2 Tage Kajaktour für 2 Personen von Oberbiel bis Runkel, Übernachtung mit Frühstück in Weilburg: Pension 200 DM; Hotel mit D/WC 250 DM; Schloßhotel 335 DM. Leistungen: Kajakmiete, Transport des Bootes und der Personen, 1 Übernachtung mit Frühstück in Weilburg.
Information: Fremdenverkehrsamt, Mauerstraße 8 (Rathaus), 6290 Weilburg, Tel. 06471/ 31424; Verkehrsverein, Tel. 06471/ 7671

Auf der Lahn bei Odenthal

17,2 km zur Schleuse Oberbiel

Komfortabel wird diese Tour, wenn man sich vom Fahrdienst des Bootsverleihs an die Einstiegsstelle, die Schleuse Oberbiel, bringen läßt. Von dort geht es die sanft fließende Lahn in Richtung Weilburg hinunter. Man gleitet am altertümlichen Städtchen Braunfels mit seinem sehr schön gelegenem Schloß vorbei. Entlang des oft noch unberührten Ufers bieten sich praktisch durchgehend Rastmöglichkeiten: zum Grillen (in einem Kanu läßt sich auch solches Zubehör leicht verstauen) oder für eine schlichte Ruhepause. Bei Selters läßt man Wasserskifahrer an sich vorüberflitzen oder versucht dort selbst umzusteigen, um auf Brettern über das Wasser zu rasen. »Dramatischer« Schlußpunkt ist die Fahrt durch den einzigen Schiffahrtstunnel Deutschlands. Nach 200 m aufregendem »Höhlenpaddeln« fährt man schließlich durch eine Doppelschleuse und weiter bis zum Campingplatz von Odersbach. Von hier aus kann man bequem die Boote abholen lassen. Abends in unmittelbarer Nähe der Schleuse, dort, wo die Weil in die Lahn mündet, läßt sich bestens in der Pizzeria Italia entspannen. Bei einer Zweitagestour können Sie in Weilburg auch übernachten und bestreiten am nächsten Tag die zweite Etappe der Lahntour weiter nach Dehrn.

Gemütlich und romantisch: Rudern auf der Lahn. (Foto: Falk Orth)

Anfahrt: Die B 49 nach Wetzlar bis zu ihrem Ende, von dort südwestlich auf die B 49 nach Oberbiel

F 60 min; Wi 90 min; Fd 90 min; Ks 105 min; Gi 30 min; Da 90 min.

Bootsverleih:

Wenn Sie kein eigenes Boot haben, können Sie sich problemlos eins bei folgenden Firmen leihen:

Supertramp
Jordanstraße 30, 6000 Frankfurt, Tel. 069/ 777723 – Kanus 90 DM/Wochenende (Fr-Mo), Kajaks 50 DM/Wochenende.

Uferlos
Dieburger Str. 62, 6100 Darmstadt, Tel. 06151/ 714942
Kanus 36 DM/Tag
bzw. 90 DM/Wochenende,
Kajaks 28 DM/Tag
bzw. 70 DM/Wochenende.

Ergo
Adelheidstraße 20, 6200 Wiesbaden, Tel. 0611/ 309500
Kanus DM 30/Tag
bzw. DM 60/Wochenende.

Auf der Lahn von Weilburg bis Runkel

26 km und in Schiffahrtstunnel

Wer hier startet, und nicht schon bei Odenthal (unser vorangegangener Tip), beginnt direkt hinter dem Weilburger Bootsverleih in Deutschlands einziger Schiffstunnel einen aufregenden Auftakt. Danach geht es die ruhige Lahn stromabwärts, nur durch wenige Schleusenpausen unterbrochen — die Schleusen dürfen von den Paddlern selbst bedient werden. Bei Villmar durchfährt man eine Brücke aus Lahn-Marmor, und kurze Zeit später ragt linkerhand unübersehbar der schroffe Kalkfelsen der »Bodensteiner Lei« mit dem Konrad-Denkmal in den Himmel: ein beliebtes Ziel für Freeclimber. Man kann die waghalsigen Kletterer vom Boot aus beobachten; es soll aber auch Doppelbegabungen geben, die vom Boot aus mit Seil und Karabiner für eine solche sportliche Einlage ausgerüstet sind, bevor man sich wieder dem gemächlichen Treiben des Flusses überläßt. In Runkel, nach rund 26 Flußkilometern, läßt sich noch die eindrucksvolle Burg besuchen, bevor der Fahrdienst des Bootsverleihs den Rückweg organisiert.

Anfahrt: Die A 3 nach Limburg bis Limburg-Nord, dann die E 44 über Hadamar nach Weilburg

F 75 min; Wi 90 min; Fu 105 min; Ka 105 min; Gi 30 min; Da 100 min.

Zu den Seligenstädter Fachwerkhäusern

Frühaufsteher-Tour mit Dampfer

Wer das frühe Aufstehen auf sich nimmt – die Abfahrten vom Eisernen Steg in Frankfurt finden bereits zwischen 8 und 9 Uhr statt –, der kann sich mit einem Schiffsfrühstück belohnen. Mainaufwärts geht es vorbei an der Gerbermühle, am Isenburger Schloß und dem Schloß Philippsruhe in Hanau. In Seligenstadt angelegt, erwartet Sie ein Rundgang durch die Altstadt mit ihren zahlreichen Fachwerkhäusern. Hier steht Deutschlands älteste Basilika, die noch heute als Gotteshaus dient. Wer sich nicht sofort vom Fluß trennen möchte, kann sich im »La Gondola« für den bevorstehenden Stadtrundgang stärken. Oder die Klosterstuben (direkt an der Basilika) ansteuern. Die Heimreise tritt man wahlweise bei einem gemütlichen Dämmerschoppen auf dem Boot an oder absolviert sie etwas rascher mit dem Zug.

Primus Linie, Frankfurter Personenschiffahrt, Mainkai 36, 6000 Frankfurt, Tel. 069/ 281884, um die präzisen Abfahrtstermine zu erfragen. Preise: Frankfurt ab Eiserner Steg nach Seligenstadt: Einfach 14 DM, Hin- und Rückfahrt 20 DM; Verkehrsbüro Seligenstadt, Einhardhaus am Marktplatz, Tel. 06182/ 87177

Wi 30 min; Fu 90 min; Ka 120 min; Gi 45 min; Da 30 min.

Die Fulda von Bebra nach Rotenburg

Eine Floßfahrt, die ist lustig

Von Bebra aus kann man zu einer besonders geselligen und stimmungsvollen Floßfahrt ablegen. Den schönsten Teil der Fulda geht es mit dem einfachen Kahn nach Rotenburg hinauf. Auf dem

»Fuldaböckchen« gibt es Bier und »Ahl' Woscht«. Was an eine bayrische Floßfahrt auf der Isar erinnert, ist hier viel gemütlicher. Die Fahrt verläuft sehr behutsam und mit großer Rücksicht auf die Natur. Der Außenbordmotor wird nur angeschmissen, wenn es unbedingt nötig ist, die Uferböschungen werden nicht berührt. Wenn man Glück hat, kann man bei Rhäden sogar Störche beobachten, die im Storchensee an Ufernähe leben. Die Fahrt nach Rotenburg dauert zwei Stunden. Von dort kann man mit dem Planwagen, Kutsche oder im Bus für 3 DM nach Bebra zurückfahren. Die Floßfahrt kostet 15 DM, Kinder bis 6 Jahre sind frei. Nähere Auskünfte gibt das Fremdenverksverband Waldhessen, Bad Hersfeld 06621/87359.
Anfahrt: Die A7 oder die A 5 bis Abfahrt Kirchheimer Dreieck, auf die A 4 bis Abfahrt Bad Hersfeld, dann die B 27 bis Bebra.

F 100 min; Wi 130 min; Fu 60 min; Ka 45 min; Gi 60 min; Da 130 min.

Von Eschwege nach Witzenhausen
Ein Elefant auf der Werra

Was tun, wenn man eine große Familie hat und trotzdem — alle in einem Boot — auf einem Fluß rudern möchte? Kein Problem. Die Busch-Bootstouristik in 3525 Oberweser-Weißehütte (Tel. 05574/ 818) vermietet einen Elefanten. Das ist ein Großkanadier, in dem für zehn bis zwölf Personen Platz ist. Für weniger Personen gibt einfache Kajaks oder Kanus zu mieten. Die Boote werden vom Veranstalter an- bzw. abtransportiert. Vom ihm kann man auch Zelte, Schlafsäcke und Schwimmwesten leihen. Oder Übernachtungen in Häusern (für die, die länger als einen Tag unterwegs sein wollen). Das Gebiet der Werra zwischen Eschwege und Witzenhausen läßt sich auch vorzüglich auf eigene Faust erkunden – auf dem Fluß vorbei an Bad Sooden-Allendorf mit seinem mittelalterlichen Fachwerk bis zur Kirschenstadt Witzenhausen.
Anfahrt: Die A 5 von Frankfurt nördliche Richtung Bad Hersfeld. Am Kirchheimer Dreieck die A 4 bis Autobahndreieck Bad Hersfeld, dann die B 27 über Bebra nach Eschwege.

F 130 min; Wi 160 min; Fu 90 min; Ka 30 min; Gi 100 min; Da 160 min.

Ausflug nach Rüdesheim
Mit der Primus-Linie

Auf Main und Rhein gemütlich schippern, mit Essen und Trinken bestens versorgt sein: das versetzt in Urlaubslaune. Vom Eisernen Steg in Frankfurt aus kann man mit einem der drei »Primus«-Schiffe bis ins Rheingauer Weinparadies Rüdesheim fahren. Vorbei an Eltville, Walluf, Geisenheim bis zur Rüdesheimer Aue. In Rüdesheim ist für zwei Stunden Landgang angesagt, um die weltberühmte Drosselgasse zu besichtigen, die Rüdesheimer Weinmeile, auf der kaum eine Kehle trocken bleiben wird. In Frankfurt werden die Leinen fahrplangemäß um 8.30 Uhr gelöst, um 13.15 Uhr ist man in Rüdesheim, um 21 Uhr wieder in Frankfurt. Der Spaß kostet von Frankfurt (Hin und Zurück) 31 DM. Weitere, außerplanmäßige Fahrten richten sich nach Saison und Nachfrage.
Gefahren wird von Juni bis Oktober. Weitere Termine bei der Primus-Linie, Mainkai 36, 6000 Frankfurt, Tel. 069/ 281884 erfragen.

Wi 30 min; Fu 90 min; Ka 120 min; Gi 45 min; Da 30 min.

Der Trais-Horloffer See
Segeln in der Grube

Mit 35 Hektar gehört der 42 Meter tiefe Trais-Horloffer See noch zu den größeren Seen in Hessen – ein See, der mit Badenverboten-Schildern irritiert und auf dem der Wassersport geduldet wird, nicht aber erlaubt ist, da der See einer Elektrizitätsgesellschaft gehört, die sich so absichern muß. Natürlich ist ein solcher See, der landschaftlich schön ist wie kaum ein anderer, ein El Dorado für Segler, Surfer und Kanuten. Bis in die 50er war der Trais-Horloffer See eine Braunkohlengrube sogenannter »Wetterauer Klötz«,, die sich schnell durch die umliegenden Quellen auffüllte und ebenso dicht bewaldet ist, wie nahe am z.T. sumpfigen Ufer besiedelt. Vor allem auch die Segler fanden hier ihr Revier und schlugen ihr Hessisches Leistungszentrum bei Inheiden auf.
Anfahrt: Die A 45, Abfahrt Wölfersheim, die B 486 Richtung Hungen, rechts ab nach Inheiden zum Trais-Horloffer See.

F 60 min; Wi 80 min; Fu 90 min; Ka 110 min; Da 90 min.

Die Niddatalsperre im Vogelsberg
Für Segler und Surfer

Die Niddatalsperre im Vogelsberg gehört mit 65 Hektar Wasserfläche zu eine der größten Stauflächen in Hessen. Entsprechend vielfältig und abwechslungsreich bieten sich die Ufer dar, die von Anglern, Tauchern, Campern und Badenden bevölkert werden. Für Segler und Surfer sind die 65 Hektar der Talsperre mit wenig Fallwind noch groß genug, um auch ordentliche Strecken zurückzulegen. Die Einsamkeit auf dem Wasser – hier gibt es sie noch. Trotzdem lädt die Infrastruktur mit Bootsverleih, Grillplatz, Kiosk und Restaurant auch an Land zu einem schönen Wochenendaufenthalt ein. Der seit 1970 bestehende Stausee an der Straße zwischen Schotten und Rainrod besitzt ausgedehnte und flache Uferhänge, die zum Anlegen und Picknicken verlocken..
Anfahrt: Die A 45, Abfahrt Wölfersheim, über die B 455 Richtung Schotten. Hinter Rainrod Beschilderung folgen.

F 60 min; Wi 90 min; Da 90 min; Gi 50 min; Ka 130 min

Abenteuerlich: Mit dem Kanu durch Stauseen, Schleusen und Strudel. (Foto: Amanda Clement)

Badeseen

Die 10 schönsten Badeseen

1. **Diezer See bei Limburg** Baden wie im Paradies
2. **Birkensee bei Hanau** Aber bitte ohne Kinder
3. **Arheilger Mühlchen** Das Miniatur Idyll
4. **Edersee im Waldecker Land** Wasserspaß satt
5. **Badesee Mainflingen** Nicht nur sauber, sondern rein
6. **Albacher Teich bei Lich** Alle meine Entchen
7. **Großkrotzenburger im Main-Kinzig-Kreis** Bad in der Masse
8. **Nieder-Mooser Teich im Vogelsberg** Alles frisch
9. **Steinrodsee Weiterstadt** Angel' dir einen
10. **Badesee Mörfelden-Langen** Sehen und gesehen werden

In der Einsamkeit: Ruhe am Badesee Mörfelden.

von Petra Hardt (Text) und Falk Orth (Fotos)

Millionen vergnügen sich von Mai bis September an hessischen Badeseen, an Ufern mit allem Komfort oder an verschwiegenen Orten weit ab vom sommerlichen Rummel. Wir zeigen Ihnen die schönsten Stellen in Hessen.

Diezer See bei Limburg

Baden wie im Paradies

Wilde, herbe Romantik. Ein glasklares, tiefblaues Naturidyll zwischen steilen Felswänden, sauber und gepflegt. Gelb-grau-rot leuchtet das Gestein in der Sonne. Das Wasser glitzert in geheimnisvollem Jadegrün, changiert an den Rändern zum Smaragd. Der Diezer Steinbruchsee über der Lahn ist ein kleines Paradies. Besonders für Taucher: 2,5 ha groß. 16 m tief, klar und durchsichtig – selbst im Winter wird hier dem Eistauchen gefrönt. Kein Wunder: Das Wasser kann man fast trinken, denn es speist sich aus den selben Quellen wie das berühmte Fachinger. Eisig und unnahbar wirkt er, der See, die Beckenwände fallen senkrecht

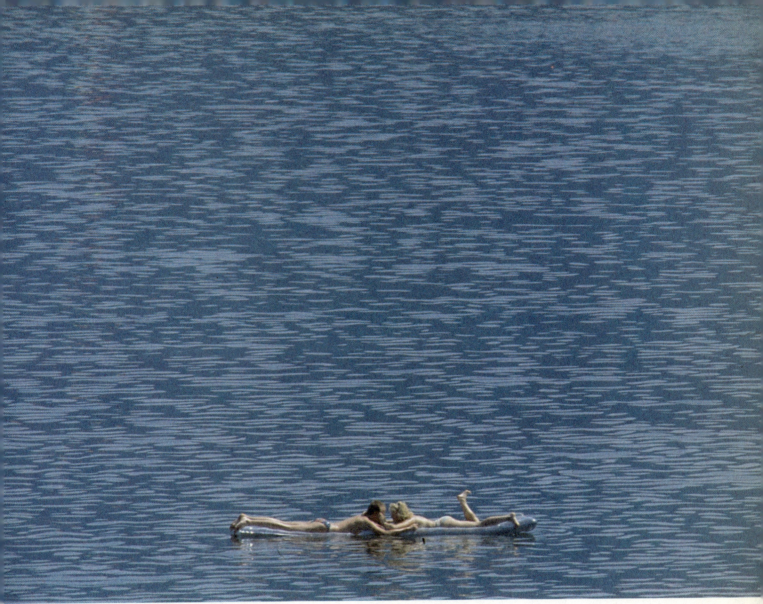

...lei für zwei: Am Edersee, Hessens größten Stausee, ist Platz für alle.

mehr als mannshoch ab, einsteigen kann man nur über zwei Leitern und sofort hat man den Grund unter den Füßen verloren. Da bleibt nur der größte Reiz: trotz der Schilder »Nicht vom Felsen springen« genau das zu tun. Für Abenteurer, Romantiker und gute Schwimmer.
*Diezer See bei Limburg, geöffnet von 9 bis 21.30 Uhr.
Eintritt: 3 DM, Kinder 1.50 DM, Parkgebühr 3 DM.
Anfahrt: A 66 und A 3 bis Limburg-Nord, B 54 und B 417 durch Diez, hinter der Lahnbrücke links, dann ausgeschildert.*

 F 60 min; Wi 45 min; Fu 135 min; Ka 150 min; Gi 60 min; Da 90 min.

Birkensee bei Hanau

Aber bitte ohne Kinder

Vorzugsweise für Erwachsene ist das Freizeitparadies gemacht. Der Besitzer des privaten Baggersees und des kleinen Stradbades hat seit 1985 alles unter Kontrolle – von seinem Aussichtsplätzchen am Badehaus mit Pergola. Ruhig, gepflegt und intim geht es hier zu, Kofferradios sind ebenso verpönt wie kreischende Kinder, Ballspiele und sonstwie störendes. Erlaubt sind Surfen, Bootfahren, Luftmatratzen und Angeln. Auch wer nichts fängt, bekommt etwas zu sehn: Der 12,5 Hektar große See schließt an mehrere zur intensiven Fischzucht genutzte Becken an. Der Birkensee speist sich aus den Fahlbachquellen und besticht vor allem durch seinen mediterranen Charme: Hibiskus, Palmen, Zitronen- und Orangenbäume stehen in wuchtigen Kübeln, Strelitzen betören mit roten Vogelkopf-Blüten. Am Ufer grasen Schafe, Trauerweiden hängen tief ins Wasser. (Nicht nur) dafür läßt man sich den Spaß gern etwas kosten: 5 Mark Eintritt. Für Kinderhasser, Individualisten und Italien-Fans.
*Badesaison von Mai bis September, täglich 9 bis 20 Uhr.
Anfahrt: A 66 bis Abfahrt Hanau, Erlensee, Richtung Stadtmitte, dann Industriegebiet Nord, ausgeschildert ist die Fischzucht Haas.*

 F 30 min; Wi 60 min; Fu 75 min; Ka 105 min; Gi 60 min; Da 60 min.

Arheilger Mühlchen

Das Miniatur-Idyll

Vom schlickigen Boden rührt die grünlich-braune Undurchsichtigkeit das 2,1 Hektar kleinen Mühlchen. Seine Farbe kann jedoch die Badenden ebensowenig abhalten wie die Tatsache, daß der Zulaufbach Brotkuchen und Kuchenkrümel mitbringt, die tierliebende Besucher im Ausflugsparadies Steinbrücker Teich den Enten nachgeworfen haben. Der kleine Weiher ist benannt nach einer Mühle, die wegen ihrer schwachen Leistung nur ein Mühlchen war und 1877 abbrannte. Hohe Bäume stehen rundherum, Seerosenteppiche blühen, im breiten Schilfrand nisten Wasservögel und wer einfach so ins Wasser geht, sinkt knöcheltief in den Schlick. Ängstliche Naturen benutzen deshalb die Treppe, denn auch hier hat die Zivilisation schon zugeschlagen: Ein Sprungturm ist ebenso vorhanden wie ein Kinderspielplatz, eine Bootsvermietung und natürlich ein Kiosk. Wie ein ordentliches Schwimmbad besitzt das Mühlchen ein Schwimmer- und ein betoniertes Nichtschwimmerareal. Ein Planschbecken ist ausgelagert. Der dörflich-familiere Charakter ist jedoch geblieben – und kostet nicht einen Pfennig Eintritt. Für Familien, Naturliebhaber und Schlammbeißer.

Das Trio infernale: Schwimmpause am Arheilger Mühlchen.

*Arheilger Mühlchen, Di-Fr 8 bis 20 Uhr, Sa-Mo ab 9 Uhr.
Anfahrt: A 661 und B 3 bis Darmstadt-Arheilgen Messeler Straße. Ab da ausgeschildert.*

 F 30 min; Wi 45 min; Fu 105 min; Ka 165 min; Gi 90 min; Da 15 min.

Edersee im Waldecker Land

Wasserspaß satt

Wer einmal im Landkreis Waldeck-Frankenberg ist hat die Qual der Wahl: 1200 Hektar Edersee, 166 Hektar Diemelsee, 121 Hektar Twistesee. Der größte Stausee Hessens, der Edersee, bietet fast 70 Kilometer Ufer. Geboten wird alles, was das Wasserratten-Herz begehrt: Bötchen fahren, Segeln, Surfen, Tauchen, Wasserski, Angeln und natürlich Schwimmen. Auch für die Anhänger der Freikörperkultur findet sich ein Plätzchen. Dazu kommt ein überwältigendes Panorama: waldige Bergketten, die Burg Waldeck – der 30 Kilometer lange See mit seinen vielen Buchten spiegelt die Wolken, die Hänge ringsum und die riesige Staumauer. Das Wasser, das von der Eder und den vielen Quellbächen kommt, ist glasklar. Fische fühlen sich pudelwohl, 20pfündige Hechte locken passionierte Angler und solche, die es werden wollen. Ausflugsschiffe verkehren vom Waldecker Ufer auch zu zwei kostenfreien Badeufern: Zur Halbinsel Scheid und gegenüber von Edertal-Rehbach. Wem ein Tag nicht reicht, um all das zu bewundern, kann sich in einem der schnuckeligen Strandhotels, in der Jugendherberge oder auf dem Campingplatz gemütlich einrichten. Für Touristen, Extrovertierte und Größenwahnsinnige.

*Strandbad Waldeck, geöffnet von 9 bis 18 Uhr.
Eintritt: 1.50 DM, Kinder 80 Pfennig.
Anfahrt: A 5 Richtung Alsfeld bis Gambacher Kreuz, A 45 über Gießen auf die B 3 über Marburg und B 485 nach Waldeck oder B 252 nach Vöhl-Herzhausen.*

 F 135 min; Wi 165 min; Fu 105 min; Ka 30 min; Gi 75 min; Da 165 min.

Badesee Mainflingen

Nicht nur sauber, sondern rein

Hier haben sich die Naturschützer selbst ein Denkmal gesetzt: Die Mainhäuser Seen gelten als beispielhaft nicht nur für Wasserhygiene und Umweltschutz, sondern auch in puncto Sicherheit für die Badegäste. Auf motorisierte Rettungsboote wird auf dem 14 ha großen Badesee Mainflingen aber verzichtet. Touristen verirren sich selten hierher, Stammgäste und die rund 1.000 Camper erfreuen sich an dem sauberen Wasser. Dieses wird nicht nur regelmäßig von Müll gesäubert, sondern systematisch untersucht: Taucher steigen tief hinunter, Angler sorgen für entsprechenden Fischbesatz, für ausgewogene Bepflanzung und waidgerechtes Abfischen. In besonders heißem Sommer kommt die Feuerwehr zum »Lüften«, damit der See nicht umkippt. Sogar »gemäht« wird, wenn der Bachwuchs überhand nimmt. All das, zusammen mit einer ästhetischen »Möbilierung« des Sees – so gibt es kleine Verschnaufinseln mittendrin, eine Naturterrasse und eine Sandböschung – macht das Baden zum Vergnügen. Für Umweltbewußte und Liebhaber eines gepflegten Badevergnügens.

*Badesee Mainflingen im Landkreis Offenbach, geöffnet 9 bis 20 Uhr.
Eintritt: 3 DM, Kinder 1 DM.
Anfahrt: Autobahn A 3 bis Seligenstädter Kreuz, A 45 Richtung Hanau bis Mainhausen, Landstraße Richtung Seligenstadt, erste Kreuzung rechts nach Mainflingen, Freizeitpark ausgeschildert.*

F 30 min; Wi 60 min; Fu 90 min; Ka 120 min; Gi 150 min; Da 130

Albacher Teich bei Lich

Alle meine Entchen

Lich kennen die meisten nur vom Pils. Aber das ist beileibe nicht alles, was das kleine Dorf im Landkreis Gießen zu bieten hat. Hier steht auch die Mauer – die Staumauer, auf der sich das bunte Treiben im Waldschwimmbad Unterer Albacher Teich vorzugsweise zentriert. Die Mauer ist Aussichtspunkt zum See und »Liegewiese«, von der Mauer kann man springen und rutschen. Der Dorfbadeteich als Schwimmbad: Beton, Treppen ins Wasser, Badeinsel, Kinderbecken, Rutsche. Trotzdem besitzt der etwa 400 Jahre alte Untere Albacher Teich etwas liebenswürdig-altmodisches. Und sehr Natürliches: Urwaldartig breiten sich Eichen, Buchen, Roterlen, Eschen und Weiden am Ufer aus, dichtes Schilf und reichlich Wasserpflanzen bieten Schutz für Wasservögel und Karpfen. Selbst die Enten paddeln unerschrocken am Gewühl vorbei.

*Waldschwimmbad Unterer Albacher Teich, geöffnet von 9 bis 20 Uhr.
Eintritt: 2 DM, Kinder 1 DM.
Anfahrt: A 5 bis Gießen-Ost, B 457 Richtung Lich, kurz vor Lich rechts, ausgeschildert.*

 F 45 min; Wi 60 min; Fu 75 min; Ka 90 min; Gi 15 min; Da 75 min.

Großkrotzenburger See

Bad in der Masse

Die Landesgrenze geht durchs Wasser – das östliche Ende des Großkrotzenburger Sees gehört bereits zu Bayern. Was den Badespaß nicht im geringsten mindert. Selbst im Winter kann man grenzenlos Schlittschuhlaufen. Im Sommer erinnert die Szenerie ein bißchen an romantische Heimatfilme: hölzerne Bootsstege, verwitterte Boote, hohe Bäume am Wasser, Angelsitze, versteckte Wochenendhäuschen mit Badetreppchen und über den Wipfeln die Spessarthöhen. Die Postkartenromantik findet im Strandbad Spessartblick ihr jähes Ende: Die üblichen Accessoires wie Kinderspielplatz, Wasserrutsche und Snackbar machen zusammen mit dem durchdringenden Geruch von Sonnenöl und den plärrenden Radios den beschauli-

chen Sommertag zu einem Bad in der Masse. Panorama ist eben nicht alles. Für Exhibitionisten, Faulenzer und Nostalgiker.
Strandbad Spessartblick, geöffnet von 8 bis 21 Uhr.
Eintritt: 2 DM, Kinder 1 DM.
Anfahrt: A 66, B 40 und B 8 Richtung Aschaffenburg, hinter der Abfahrt Großkrotzenburg ausgeschildert.

 F 45 min; Wi 60 min; Fu 90 min; Ka 135 min; Gi 60 min; Da 45 min.

Nieder-Mooser Teich im Vogelsberg

Alles frisch

Er liegt 450 m hoch und ist auch im Hochsommer angenehm frisch. Und herrlich ruhig: Mitten im Grünen liegt der Nieder-Mooser Teich bei Freiensteinau-Nieder-Moos. Wald und Wiesen reichen bis ans Ufer – die Zelte der Camper und die Bootsanlageplätze dito. Viele Wanderer kommen hierher, Reiten kann man in der Umgebung, und wer keine Lust auf Wassersport hat, der kann an einen der anderen dicht beieinander gelegenen Weiher ausweichen. An dem benachbarten, naturgeschützten Ober-Mooser See trifft man im Sommer auf seltene Zugvögel, sogar See- und Fischadler wurden schon gesichtet. Wer auf die Errungenschaften der modernen Zivilisation nicht verzichten will, grillt sich sein Würstchen am 30 ha großen Nieder-Mooser Teich. Erwachsene zahlen 1,50 Mark, Kinder 1 Mark. Dafür kommt man auch in den Genuß einer aufmerksamen Rettungswacht. Für Ornithologen, Ökofreaks und Dauercamper.
Restaurant-Campingplatz Nieder-Mooser Teich.
Anfahrt: A 66 Richtung Fulda bis Wechtersbach/Bad, B 40 und B 276 nach Birstein-Lichtenroth, rechts über Grebenhain-Bermuthshain nach Freiensteinau-Ober-Moos, dann Nieder-Moos und den Schildern folgen.

 F 90 min; Wi 120 min; Fu 30 min; Ka 105 min; Gi 75 min; Da 120 min.

Steinrodsee Weiterstadt

Angel' dir einen

Eine ehemalige Baggergrube inmitten der sandigen Darmstädter Dünenlandschaft – da kommt fast schon Strandgefühl auf. An manchen Wochenenden kann man sich wie in Rimini fühlen. Der mit Freizeitanlagen bestens ausgestattete See reicht für einen Massenbetrieb nicht aus, obwohl hier neben einer großen Badebucht auch Uferstreifen am Waldrand zum Baden einladen. Neun Hektar sind eben nur 9 ha. Aber eine Gruppe von Wassersportlern hat hier garantiert ihren Spaß: die Angler. Etliche Tümpel versprechen reichen Fang, gleich nebenan gibt es den Angelpark und noch einen Nobelfischteich. Für Strandläufer, Fischer und Individualisten.
Der Steinrodsee ist ganzjährig zugänglich.
Anfahrt: A 5 bis Abfahrt Mörfelden-Langen, B 486 über Mörfelden nach Gräfenhausen, vorher links abbiegen, dann ausgeschildert.

 F 30 min; Wi 45 min; Fd 120 min; Ks 150 min; Gi 75 min; Da 15 min;

Badesee Mörfelden-Langen

Sehen und gesehen weden

»Bitte umfahren Sie den Langener Waldsee weiträumig«. Es vergeht wohl kaum ein Sonntag im Sommer, an dem diese Meldung nicht stündlich in allen Radiosenden des Rhein-Main-Gebietes durchgegeben wird. Das hält niemand ab – die größte offene Wasserfläche im Ballungsgebiet Rhein-Main verzeichnet sonntags etwa 35.000 Besucher. Trubel hat auch etwas für sich, hier trifft man auf Bekannte und Verwandte, sei es im Strandbad oder gegenüber an den Buchten. Wem es dann doch etwas viel wird und wer nicht schon wieder 75 Mark für den unvermeidlichen Strafzettel ausgeben will, der weicht auf den Mörfelden-Walldorfer See aus. Leider ist dieser seit neuestem großflächig eingezäunt, so daß Verliebte nur noch in der Erinnerung an lauschige Nächte in den versteckten Sandbuchten schwelgen können. Jetzt gibt es hier, genau wie im Strandbad mit Liegewiese auf der gegenüberliegenden Seite, geregelte Öffnungszeiten für die schmale Steilküste mit den grobsandigen Abhängen. Nackt baden darf man noch immer – immerhin. Und schön ist es auch, weil sich das Badevolk in die verschiedensten Winkel verteilt und weil sich trotz Hochbetrieb auch am Wochenende noch ein lauschiges Plätzchen finden läßt. Wer Hunger hat schwimmt rüber zum Kiosk. Wer romantisch ist bleibt bis zum Sonnenuntergang – dann sieht man über den Wäldern vor der glutroten Scheibe einen Jumbo-Jet Richtung Süden abheben und weiß, man ist ganz nah dran. Für Verliebte, Sandburgenbauer und Falschparker.
Geöffnet von 9 bis 19 Uhr. Wochenende ab 8 Uhr.
Eintritt bei Langen: 2.50 DM, Kinder 1.50 DM, bei Mörfelden ist der Eintritt frei.
Anfahrt: B 44 Richtung Groß-Grau, rechts nach Walldorf. Auf dieser Strecke ausgeschildert.

 F 30 min; Wi 45 min; Fu 120 min; Ka 150 min; Gi 75 min; Da 15 min;

Sprung in die Sonne: der Albacher Teich bei Lich.

Die 10 teuersten Wohngebiete in Hessen

1. Frankfurt, Lerchesberg 7-8 Tausend DM pro Quadratmeter
2. Frankfurt, Sachsenhäuser Berg 7-8 Tausend DM pro Quadratmeter
3. Frankfurt, Dichterviertel 7-8 Tausend DM pro Quadratmeter
4. Wiesbaden, City-Ost 5-6,3 Tausend DM pro Quadratmeter
5. Wiesbaden, Komponistenviertel 5-6,3 Tausend DM pro Quadratmeter
6. Bad Homburg, Dornholzhausen 4,5-6 Tausend DM pro Quadratmeter
7. Bad Homburg, Ellerhöhe 4,5-6 Tausend DM pro Quadratmeter
8. Darmstadt, Paulusviertel 4-6 Tausend DM pro Quadratmeter
9. Darmstadt, Steinbergwegviertel 4-6 Tausend DM pro Quadratmeter
10. Darmstadt, Rosenhöhe 4-6 Tausend DM pro Quadratmeter

Erlebnisbäder

Die 10 schönsten Erlebnisbäder

1 **Kurhessen Therme** Das Entspannende in Kassel
2 **Usa-Wellenbad** Das Superbad in Bad Nauheim
3 **Taunustherme** Das Japanbad in Bad Homburg
4 **Lagunenbad** Das Tropische in Willingen
5 **Kaiser-Friedrich-Bad** Das Römer-Bad in Bad Homburg
6 **Rebstockbad** Das Vielfältige in Frankfurt
7 **Hallen-Wellen Brandungsbad** Die Ostsee in Lauterbach
8 **Rhön Therme** Das Riesenrutschbad in Künzell
9 **Wellen- und Freibad** Der Kinderspaß in Pfungstadt
10 **Kurbad** Kunst und Kneipp in Königstein

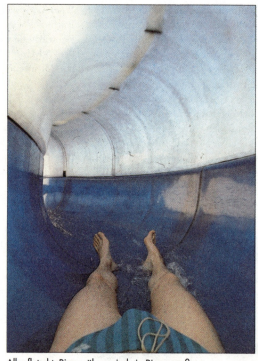

Alles flutscht: Riesenröhren sind ein Riesenspaß.

Von Markus Gotta (Text) und Falk Orth (Fotos)

In fernöstlicher Ruhe entspannen oder Halli-Galli auf der Riesenrutsche? Hessens Erlebnisbäder sind auch im Winter eine Wohltat: für gestreßte Arbeitstiere, für Kinder und Kurgänger. Ein ganzjähriges Erlebnis mit besonderem Flair.

Kurhessen Therme
Das Entspannende in Kassel

Das ist das Badeparadies für Sportliche, denn davor, danach oder mittendrin kann man sich nicht nur unter den Massagedüsen und im Wildwasserkanal vergnügen, sondern seinen Body builden, Squash und Tischtennis spielen, Gymnastik, Meditation und Yoga ausprobieren. Man kann natürlich auch den Friseursalon oder das Kino aufsuchen. Daß es in der Kurhessen Therme für jeden Geschmack etwas gibt, beweist nicht zuletzt das sogenannte »FKK-Paradiesgärtchen«. Hier sind Profis am Werk: Die Besitzer der vorbildhaften Taunus Therme in Bad Homburg haben auch in Kassel keine Mühe und Kosten gescheut. Das

they come: für Kids ein Paradies – das Usa-Wellenbad in Bad Nauheim.

bewährte Prinzip gilt auch hier: Eine »bebaute Traum- und Erlebniswelt«, geschmackvoll eingerichtet und angenehm beleuchtet, die sich an fernöstlichen Lebensweisheiten orientiert und sich an Besucher richtet, die körperliche und geistige »Selbstaktivierung« suchen. Kein Jux- und Spaßbad, sondern alles dient ausschließlich der Erholung und Entspannung. Kinder zahlen den vollen Preis – was ihre Anzahl eindeutig reduziert. So kann man den herrlichen Blick von der Riesenrutsche auf dem Dach in himmlischer Ruhe genießen.
Kurhessen Therme, Wilhelmshöher Allee 361, 3500 Kassel, Telefon: 0561/35037, geöffnet: So, Mo, Di, Do 9-23 Uhr, Mi, Fr 9-24 Uhr. Preise: 1 1/2 Stunde 14 DM. Anfahrt: Autobahn A 44, Abfahrt Kassel-Wilhelmshöhe. Richtung Wilhelmshöhe ausgeschildert.

🕐 *F 120 min; Wi 150 min; Fd 75 min; Gi 90 min; Da 150 min.*

Usa-Wellenbad
Das Superbad in Bad Nauheim

Das einzige Wellenbad der Wetterau mit Riesenrutsche für drinnen und draußen – als ob das kein Grund wäre. Familienfreundlich und spaßig: Nach der 83 Meter langen Tunnelrutsche mit eigenem Auffangbecken und einem genüßlichen Wellenbad hockt sich der müde Schwimmer gemütlich in die Cafeteria und guckt durch eine Glaswand denen zu, die sich in der Brandung immer noch nicht satttauchen können. Woran man das Usa-Wellenbad auch sofort erkennt, ist die etwas seltsam anmutende Gestängekonstruktion in der Schwimmhalle und das heb- und senkbare Hauptbecken. Einen 5-Meter-Sprungturm gibt es auch, an einer Extra-Sprungbucht. In den Freiluftbecken haben Klein und Groß genügend Platz – 2180 Quadratmeter Wasserfläche gilt es zu durchschwimmen. Überhaupt Großzügigkeit: Das ganze Bad ist auf 80.000 Quadratmetern gebaut. Ein Großraumerlebnis.
Friedberger Straße 16-20, 6359 Bad Nauheim, Telefon: 06032/ 2027, geöffnet Di-Do 7-21.30 Uhr, Fr 7-20 Uhr, Sa, So 8-20 Uhr, Mo geschlossen. Preise: 3 Stunden 5 DM, Kinder 2.50 DM. Anfahrt: Autobahn A 5, Abfahrt Friedberg, B 455 Richtung Friedberg, dort ausgeschildert.

🕐 *F 30 min; Wi 45 min; Fd 105 min; Ks 105 min; Gi 30 min; Da 60 min.*

Taunustherme
Das Japanbad in Bad Homburg

Fernöstlich inspiriert ist die Bad Homburger Badewelt, mit ihren Meditationsgärtchen, japanischen Pagodendächern und Teehausverstrebungen. Wo immer man sich auf den 25.000 Quadratmetern gerade befindet: Es ist gemütlich, warm und erholsam. Der Saunabereich ist bestens ausgestattet mit den verschiedensten Saunen, ein großer Außenbereich mit zwei Becken, wo man richtig schwimmen kann, teilweise verglast, so daß man im Sommer im Freien und im Winter noch immer im Hellen ruhen kann. Ebenfalls für die kalte Jahreszeit: Das gut geheizte Thermalbecken draußen, wo man vor lauter Dampf die Hand nicht vor Augen sieht. An alles wurde gedacht: kleine Felsgärtchen zum Sitzen, genügend Bänke zum Liegen und eine schöne FKK-Terrasse mit Bar - für vollkommene Entspannung. Und nicht zu vergessen die Gesundheit: Therapiebecken, Massagering, Inhalation, Nichtraucherplätze im asiatischen Restaurant. Hier wird Baden zum Nonplusultra.

Seedammweg, 6380 Bad Homburg, Telefon: 06172/ 40640, Geöffnet So, Mo, Di, Do 9-23 Uhr, Mi, Fr, Sa 9-24 Uhr.
Preise: 2 Stunden 20 DM, 4 Stunden 28 DM, Tageskarte 42 DM.
Anfahrt: Autobahn A 61, Abfahrt Bad Homburg, bei Stadteinfahrt ausgeschildert.

 F 30 min; Wi 45 min; Fd 120 min; Ks 105 min; Gi 30 min; Da 45 min.

Lagunenbad

Das Tropische in Willingen

Welchem Stil hier die Einrichtung frönt, ist nicht genau auszumachen: da ein bißchen Fichtenholz, dort ein wenig Bruchsteingemäuer, hier Glas, dort Säulen. Um seinem Namen alle Ehre zu machen, gibt es exotische oder auch nicht exotische, echte und Plastikpflanzen; wie man sich eine Lagune eben vorstellt. Doch nicht nur dem Auge, auch dem Körper bietet das Lagunenbad des Kneippheilbades Willingen allerlei Abwechslung: 100 Meter Riesentunnelrutsche sorgen für ebensoviel Gaudi wie die Wildwasserstrudel oder der Wasserfall. Solewasser ist ebenso vertreten wie Süßwasser. Für die, denen es in den 520 Metern Höhe des Hessischen Uplandes zu kalt ist, steht neben Sauna und Solarium auch ein Römisch-Irisches Dampfbad zur Verfügung. Und für die Voyeure: Von der Aussichtscaféteria kann man alles genau beobachten.
Lagunenbad, Auf dem Hagen, 3542 Willingen, Telefon: 05632/6023, geöffnet: täglich von 9-23 Uhr.
Preise: 1 1/2 Stunden 10 DM, Kinder-Jugendliche 5 DM.
Anfahrt: über Gießener Ring A 485 zur B 3 Richtung Marburg, über die B 252 nach Korbach und die B 251 nach Willingen.

 F 180 min; Wi 210 min; Fd 135 min; Ks 60 min; Gi 150 min; Da 210 min.

Kaiser-Friedrich-Bad

Das Römer-Bad in Wiesbaden

Siebenundzwanzig Mineralquellen gibt es in Wiesbaden, zwei Millionen Liter Wasser zwischen 17 und 67 Grad kommen täglich aus 2000 Meter Tiefe. Die Quelle, die schon am längsten sprudelt, ist gleichzeitig auch die stärkste: der Kochbrunnen auf dem Kranzplatz, in dem sich schon die Legionäre für

Karibisches Flair: die Rhön Therme in Künzell.

den Kampf fit badeten. Um heißes Wasser dreht sich im Kaiser-Friedrich-Bad alles. Obwohl es auch Leute geben soll, die nur wegen der Innenarchitektur kommen: wasserspeiende Steinlöwen, eingelegter Marmorfußboden, ein Wandfries badender Gestalten, Rundbögen mit verzierten Kacheln, ornamentale Heizkörperverkleidungen – hier stimmt alles bis ins Detail und macht das Baden zum fürstlichen Vergnügen. Was sich im Prospekt so profan Natrium-Chlorid-Therme nennt, ist ein Römisch-Irisches Bad in klassizistisch angehauchtem Jugendstil.
Langgasse 38-40, 6200 Wiesbaden, Telefon: 0611/ 318122, geöffnet: Oktober-April/Gemeinschaftsbad: Mo, Do 13-22 Uhr, Fr 9-22 Uhr, Sa, So 10-19 Uhr. Für Frauen Di 9-22, Do 9-13 Uhr. Für Männer Mi 9-22 Uhr. Mai-September Gemeinschaftsbad; Do, Fr 9-22 Uhr, für Frauen Di 9-22 Uhr, für Männer Mi 9-22 Uhr. Preise: 3 Std. 17 DM
Anfahrt: Stadtmitte über die Friedrichstraße, rechts ab Schwalbacher Straße und unter der Straßenbrücke rechts Coulinstraße ins Parkhaus.

F 30 min; Fd 120 min; Ks 150 min; Gi 60 min; Da 30 min.

Rebstockbad

Das Vielfältige in Frankfurt

Offiziell ist es ein Gartenhallenbad, aber das ist wirklich stark untertrieben. Erstens hat es seine wunderschöne Lage im Rebstockpark, die Liegewiese führt direkt zum kleinen Rebstockweiher. Zweitens fühlt man sich in diesem Gartenhallenbad, das eigentlich ein Sport-, Spiel- und Badepalast ist, niemals beengt oder erdrückt, auch wenn 2000 Menschen hier sind. Denn das Rebstockbad ist weit, tief, hoch, und hat nichts Eckiges: Der mastengetragene Zeltdachhimmel wölbt sich und die Beckenränder verlaufen in weiten Schwüngen, die Anlage insgesamt wirkt aufgelockert. Drittens ist allein die lange Glasfront an der Eingangshalle, an deren Scheibe immer ein paar Nasen kleben, einen Besuch wert. Auch von der Restaurantgalerie hat man Aus- und Überblick. Viertens und zu allem noch dazu: ist das Rebstockbad eine wettkampfgerechte Sportstätte mit einer 500-Personen-Tribüne; ausgestattet für den Lehrbetrieb, für Alte, Behinderte, Kranke und Kinder; hat eine

japanische Sauna und veranstaltet Musikmatinees und Riesen-Wasserfeste.
Rebstockbad, August-Euler-Straße 7, 6000 Frankfurt 90, Telefon: 069/ 708078-79, geöffnet: Mo 14-22 Uhr, Di, Do 9-20 Uhr, Mi, Fr, Sa, So 9-22 Uhr.
Preise: 3 Stunden 9 DM, Kinder-Jugendliche 5 DM
Anfahrt: über die Autobahn A 55 oder A 66 nach Frankfurt, Ausfahrt Westkreuz, ab hier bereits ausgeschildert.

 Wi 30 min; Fd 90 min; Ks 120 min; Gi 45 min; Da 30 min.

Hallen-Wellen-Brandungsbad

Grotten und Spaß in Lauterbach

Der komplette Umbau hatte 1990 siebenkommafünf Millionen Mark gekostet. Das sieht man dem Bad im Vogelsberg nun an: Alles ist hypermodern und funktional, trotzdem aber freundlich, denn wir sind hier in dem hessischen Bilderbuch-Städtchen Lauterbach. Für die ganze Familie konzipiert ist das neue Hallen-Wellen-Brandungsbad mit 65-Meter-Rutsche, Whirl-Liegen, Schwimmkanal, großer Solargrotte, Saunabereich, Wellenliegen und einem »Spaßbereich«. Hier gibt es extra Spielnachmittage, zu denen die Kinder Luftmatratzen, Autoreifen und alles, was sonst noch im Wasser Spaß macht, mitbringen dürfen. Die ganze Schwimmhalle ist mit Blumen geschmückt. Im Haus ist nicht nur ein Snack-Restaurant, sondern auch eine Pizzeria – die wird auch von Nicht-Schwimmern, die nur zum Essen kommen, gut frequentiert. Das einzige Manko: Das Freibad ist nicht integriert, sondern liegt fünfzig Meter gegenüber dem Hallenbad. Das große Plus: die zivilen Preise.
Freizeitzentrum im Steinisgrund 6420 Lauterbach, Tel. 06641/ 4505, geöffnet Di-Fr 14-23 Uhr, Sa, So 9-22 Uhr
Preise: Sommer 5 DM, Jugendliche 3 DM, Winter 7 DM, Jugendliche 3,50 DM.
Anfahrt: Autobahn A 5 bis Alsfeld-Ost, B 62 Richtung Alsfeld, gleich wieder links, B 275 Richtung Herbstein. In Lauterbach als »Freizeitzentrum« ausgeschildert.

 F 90 min; Wi 120 min; Fd 30 min; Ks 75 min; Gi 45 min; Da 120 min.

Rhön Therme
Das Riesenrutschbad in Künzell

Palmen, Palmen, Palmen: Der Prospekt verspricht einen »Hauch Karibik«, und man spürt ihn auch. 1987 erbaut, hat die Rhön Therme alles zu bieten, was das erlebnishungrige Badeherz begehrt: Wellen, Wasserfälle, Wildwasser-Riesentunnelrutsche, Kaskadenbecken, Sprudelliegen, Wildwasserkanal, Felsenrutsche, Solargrotte, Whirlpool, Ausschwimmbecken, Gegenstromanlage, zwei Außenbecken, Tauch- und Planschbecken, Liegewiese, Bolzplatz, Sauna, Fitnesscenter, Badeshop, SB-Restaurant, Wasserkanone. Und als sei das noch nicht genug, gibt es zum krönenden Abschluß ein Gaudibecken mit Musik – dieser Spaß für die ganze Familie ist allzu zarten Nerven nicht zu empfehlen. Vor allem auf den diversen Rutschen ist immer Halli-Galli: Europas längste überdachte Wildwasserrutsche steht in Künzell, dazu noch drei weitere Röhren à 240 Meter Länge. Mit der Ausstattung haben sich die Betreiber des insgesamt 27 000 Quadratmeter großen Badevergnügens wirklich Mühe gegeben: Nebst Palmen kommen Strandkörbe besonders gut zur Geltung, kleine Felsinseln, blühende Pflanzen und fröhliche Farben.

*Harbacher Weg, 6411 Künzell, Telefon: 0661/ 34011, geöffnet Mo-Sa 10-23 Uhr, So 9-22 Uhr.
Preise: 4 Stunden 18 DM, Kinder-Jugendliche 3-12 DM.
Anfahrt: Autobahn A 66 und B 40 bis Fulda-Süd, nach Künzell und zur Rhön-Therme ausgeschildert.*

 F 90 min; Wi 120 min; Fd 15 min; Ks 75 min; Gi 75 min; Da 105 min;

Wellen- und Freibad in Pfungstadt
Ein Kinderspaß

Unspektakulär ist es, aber besonders kinderfreundlich. Mutter-und-Kind-Schwimmen wird hier ebenso angeboten wie ein Wickelraum, eine Kleinrutsche, ein Spielplatz und ein Planschbecken. Zwischen Feldern und Kiefernwald gelegen, ist besonders das Freibad schön: geräumige Liegewiesen, eine breite Sonnenterrasse und Sonnenstufen als Tribüne. Innen wird ein Ozonbad geboten und natürlich Wellen – was ist schöner für Kinder als nach Herzenslust darin herumzutoben, so, als sei man, je nach Wellenstärke, in der Nord- oder Ostsee. Nicht nur nacktbadende Kinder, sondern auch ebensolche Erwachsene kommen mittwochs auf ihre Kosten, allerdings nur von 20 bis 22 Uhr – da bleibt kaum mal Zeit zum Entkleiden. 21.700 Quadratmeter ist das Bad groß, auf die Füße treten wird man sich kaum. Und kosten tut es auch nicht viel. Eben wirklich familienfreundlich.

*Dr.-Horst-Schmidt-Straße, 6102 Pfungstadt, Telefon: 06157/81221, geöffnet: Freibad von Mai-September täglich 9-20 Uhr. Hallenbad Di 6.30-8 Uhr, 13-22 Uhr, Mi 6.30-8 Uhr, 13-17 Uhr, 20-22 Uhr, Do, Fr 6.30-22 Uhr, Sa 8-20 Uhr, So 9-18 Uhr.
Preise: Hallenbad 4 DM, Jugendliche 2 DM, Freibad 3 DM, Jugendliche 1,50 DM.
Anfahrt: Autobahn A 5 oder A 67 Richtung Mannheim, Abfahrt Pfungstadt, B 426 nach Pfungstadt, dort ausgeschildert.*

F 45 min; Wi 45 min; Fd 120 min; Ks 165 min; Gi 90 min; Da 15 min.

Kurbad
Kunst und Kneipp in Königstein

Blau und Orange sind hier innen und außen die vorherrschenden Farben, und beides wirkt bekanntlich beruhigend. Höhe und Weite suggerieren auch die Deckenspiegel in der Schwimmhalle, zudem kann man immer wieder nachkontrollieren, ob man alle Schwimmbewegungen auch korrekt ausführt. Denn hier geht es vor allem um die Gesundheit: Das Kurbad befindet sich mitten im Therapiezentrum und besitzt neben den Spaßeinrichtungen auch ein Freibad, ein Ozon-Bad, ein Kneipptretbecken, ein Gymnastikhof, Kosmetik und Fußpflege. Schön am Berghang gelegen, erkennt man es schon von weitem, denn auch außen strahlt es in einem leuchtenden Blau-Orange, entworfen von Otto Herbert Hajek als Kunst am Bau. Vom Ausschwimmbecken und der großen Freiterrasse hat man einen herrlichen Panorama-Blick über Königstein, die Schloßruine und den Feldberg.

*6240 Königstein, Le Canner-Rocheville-Straße 1, Tel. 06174/ 4048, geöffnet Mo 16-22 Uhr (FKK mit Sauna), Di-Fr 7-21.30 Uhr, Sa,So 7-20 Uhr. Preise: Schwimmbad 12 DM, Kinder 7 DM, Sauna 17 DM, Kinder 10 DM, Kurkartenbesitzer ermäßigt.
Anfahrt: Autobahn A 66, Abfahrt Höchst, B 8 Richtung Limburg ausgeschilder*

F 30 min; Wi 30 min; Fd 120 min; Ks 135 min; Gi 60 min; Da 45 min.

Exotisch: Wildwasser-Baden in Willingen.

Picknick

Mit Gespenstern oder einem Schäfer picknicken – in Schloßgärten oder in Flugzeugen den Korken knallen lassen – auf Rodelbahnen oder Flößen das Picknickgeschirr auspacken: So zieht man in Hessen stilvoll ins Grüne.

von Elisabeth Schneider (Text) und Ullrich Knapp (Fotos)

Die 10 besten Picknick-Tips

1. **Wetterfelder Fischzucht** Angel' Dir einen Hecht!
2. **Kulinaria rund um Laubach** Die Kugelrund-Wanderung
3. **Nostalgie-Picknick im Schloßpark** Zeit zum Sehen
4. **Der Planwagen durchs Ederbergland** Hab' mein Wagen vollgeladen
5. **Gespensterpicknick in Braunfels** Huiiiii
6. **Picknick in der Luft** Flying so high
7. **Öko-Picknick in den Steinbrüchen von Dietesheim**
8. **Halli-Galli auf der Lahn** Ein schwimmender Biergarten
9. **Sommerrodelbahn am Hoherodskopf** Schotten dicht!
10. **Mit dem Winzerexpreß** durch die Weinberge am Rhein...

Wetterfelder Fischzucht

Angel' Dir einen!

Seit fast 20 Jahren wird dieser »Forellenhof« von den Janzens geführt. Rustikal und einfach ist er bis heute geblieben, ohne falsche Reminiszenz an schnäubige Touristen. Und das ist gut so. Wer will, kann die Blockhütte mit dem beziehungsreichen Namen »Zur Eselshütte« mieten und es sich ein Wochenende lang in freier Natur gutgehen lassen. Zweimal jährlich (im April und im August) findet hier das große Forellen-Teichfest statt. In der Wetterfelder Fischzucht kann man zwar Forellen kaufen, tolle Hechte freilich angeln sich ihre kleinen und großen Fische selber (das geht am besten mit einem Köder). Auf kleinem Lagerfeuer knusprig gegrillt, dazu ein paar zünftige Fischerlieder (Wenn bei Capri....) auf der Wandergitarre (nicht zu nahe ans Feuerchen bringen!) intoniert – das sind die romantischen Abenteuer, die einen den Großstadtstreß vergessen lassen. Achtung Anfänger: Sorgen Sie für genügend Grillwürstchen – falls Sie vom Anglerpech verfolgt werden sollten. Ansonsten: Petri Heil! *Wegbeschreibung: Richtung Schotten, bis Wetterfeld. Am Ortseingang links dem Schild »Forellenzucht« folgen. Nach dem letzten Schild gelangt man zur Blockhütte, links davon führt der Weg zur Wetterfelder Fischzucht.*

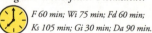 *F 60 min; Wi 75 min; Fd 60 min; Ks 105 min; Gi 30 min; Da 90 min.*

Kulinaria rund um Laubach

Die Kugelrund-Wanderung

Das über 1200 Jahre alte Städtchen Laubach liegt mitten im Naturpark Hoher Vogelsberg. Hier können Sie tief durchatmen, denn

Im Gänseschritt zum Angelfest: Die Wetterfelder Forellenzucht lädt zum Picknick ein.

Laubach ist staatlich anerkannter Luftkurort. Und da die frische Luft bekanntlich Appetit macht, hat sich das Verkehrsamt des Städtchens sich etwas ganz Besonderes für Luftschnapper einfallen lassen: Sie bietet eine »lukullische Wanderkarte« für Wanderer, die das Essen nicht sein lassen wollen. Los geht's mit einem kräftigen Bauernfrühstück, die nächste Station wartet bereits mit einer leckeren Schweinskopfsülze auf. Und hoppla, nur einige verdauungsfördernde Kilometer weiter lauert ein kräftiges Holzfällersteak auf den (immer noch hungrigen?) Wanderer. Doch damit nicht genug: ein dicker, aber unwiderstehlich köstlicher Pfannkuchen wartet – kantapper, kantapper – und möchte von Ihnen einverleibt werden. Falls Sie jedoch zum Abschluß noch eine echte alte Vogelsberger Spezialität mit dem appetitlichen Namen »Schlabberjux« verdrücken können, denn die lohnt sich ganz beonders, möchten Sie diese doch bitte bei der Kurverwaltung vorbestellen. Und wenn Sie nicht geplatzt sind, dann essen Sie noch heute...

Nähere Auskünfte erteilt die Kurverwaltung Laubach, Friedrichstraße 11 in 6312 Laubach, Tel. 06405/ 281.

Anfahrt: Die A 5 bis Abfahrt Gießen-Licher Straße, dann die B 457 bis nach Lich und dort auf die Kreisstraße nach Laubach.

🕐 *F 60 min; Wi 80 min; Fd 60 min; Ks 100 min; Gi 20 min; Da 90 min.*

Nostalgie-Picknick im Schloßpark

Sehen und gesehen werden

Der Schloßpark von Hanau-Wilhelmsbad ist ein höchst romantischer Ort mit prächtigen Schloßbauten und überraschenden Einblicken in hübsche Winkel. Hier scheinen die Uhren ein wenig langsamer zu gehen – leise murmelt ein Bächlein im saftiggrünen Gras, ein Pavillon und schattige Parkbänke laden zum Verweilen, im Teich schnattern alle meine Entchen und das alte Karussell mit den Holzpferden atmet den Hauch vergangener Zeiten. Geronnene Augenblicke, ein Paradies für verliebte Pärchen. Nostalgische Gemüter krönen das Lustwandeln mit einem wundervoll altmodischen Picknick. Helle Kleidung im Jahrhundertwende-Stil, ein Hut, ein Stock ein Sonnenschirm, damit die vornehme Blässe gewahrt bleibt; ein weißes Tischtuch auf grünem Rasen, ein üppiges Bouquet Teerosen für die Angebetete, Silberbesteck und feinstes Porzellan aus dem Picknickkoffer. Köstlich, die Gänseleberpaté. Wunderbar, die Entenkeulen in Weinaspik. In edlen Kristallgläsern perlt erfrischender Champagner Rosé. Helles Gläserklingen, ein tiefer Blick... Daß Passanten zurückschauen, krönt erst recht das Ganze.

Anfahrt: Von Frankfurt die A 66 Richtung Hanau, Abfahrt Hanau Nord nach Wilhelmsbad.

🕐 *F 30 min; Wi 60 min; Fd 75 min; Ks 150 min; Gi 60 min; Da 60 min.*

Mit dem Planwagen durchs Ederbergland

Hab' mein Wagen vollgeladen...

Das Ederbergland ist berühmt für seine zauberhafte Landschaft. Mittendrin liegt die kleine Stadt Frankenau, angelegt im 8. Jahrhundert von Pippin dem Kurzen. In Frankenau läßt sich gut leben – und gut urlauben. Es gibt nicht nur die jährliche Ziegenbockkirmes, sondern auch ein ganzes Feriendorf mit Hütten und Satteldachhäusern. Wer das Gelände mit dem Planwagen statt mit der Benzinkutsche erkunden möchte, hat hier beste Gelegenheit dazu: Jeden Donnerstag steht ab 16 Personen ein Planwagen mit Kutscher bereit. Mit zwei Kästen Bier im Handgepäck und einem guten hausgebrannten Schnaps aus der Gegend wird die Landschaft gleich doppelt so schön, will heißen: vor lauter Schönheit kaum noch auszuhalten. Dagegen hilft eine ebenfalls mitgebrachte, handfeste Wegzehrung, die

– falls nicht schon auf dem Wagen einverleibt – ganz sicher die Picknick-Rast auf lauschiger Au nicht überleben wird. Denn Essen und Trinken – man weiß es – hält jede Reise zusammen.
Anmeldung zur Planwagenfahrt und Information: Feriendorf Frankenau, Am Sternberg, 3559 Frankenau, Tel. 06455/ 8011.
Anfahrt: Nach Bad Wildungen (südwestlich von Kassel), von dort die Bundesstraße B 253 Richtung Frankenberg, hinter Löhlbach rechts abfahren nach Frankenau.

 F 105 min; Wi 135 min; Fd 105 min; Ks 45 min; Gi 60 min; Da 135 min.

sich für ein solches Wasser geziemt, und auch für die Sportlichen ist gesorgt: Es gibt ein Freibad, Reit- und Tennishallen, sowie einen sehr schönen Golfplatz.
Wer das hoch über dem Städtchen aufragende Braunfelser Schloß besichtigt hat, bekommt vielleicht Lust, nach all den malerischen Attraktionen Durst und Hunger auf besondere Weise zu stillen. Zu später Stunde, kurz vor Mitternacht, steigt man hinauf zu der über den Weihern gelegenen Grillhütte »Grüner Kreis«. Von dort hat man einen wundervollen Ausblick auf das Schloß. Wenn die Glocke

die Uhr aber erst mal Eins, ist der Spuk vorbei.
Anfahrt: Von Wetzlar auf der B 277 in Richtung Solms, bei Oberndorf ab in Richtung Braunfels.

 F 60 min; Wi 90 min; Fd 105 min; Ks 120 min; Gi 30 min; Da 90 min.

Picknick in der Luft
Flying so high

Echte Snobs sind immer auf der Suche nach dem ganz Besonderen. Picknick im Grünen? – Puh, wie unbequem. Floßfahren? – Der teure Anzug könnte Wasserflecken abkriegen. Forellen angeln? – Wer sind wir denn? Wir lassen uns lieber einen Hummer aus dem Bassin holen. Für solch verwöhnte Menschen hat die Frankfurter »Classic Wings Flugreisen« etwas besonderes auf Lager. Sie können eine DC-3 aus dem Jahre 1942 chartern und sich damit in die Lüfte erheben. Die erste Flugstunde kostet knappe 7000 Mark, aber spielt Geld eine Rolle? Was gibt es Schöneres als bei einem eleganten Buffet mit einem

Gläschen eisgekühltem Champagner in der Hand auf Stadt, Land, Fluß hinabzublicken? Etwas preiswerter, aber nur ähnlich amüsant wird es, wenn man die nostalgische Maschine am Frankfurter Flughafen stehenläßt und lediglich die Kabine für sein Bodenpicknick anmietet.
Anmeldung und Buchung bei Classic Wings Flugreisen:
Auf der Körnerwiese 2, 6000 Frankfurt, Tel. 069/ 550265. Abflug ab Frankfurter Flughafen. Autobahnabfahrt: Ankunft/ Abflug.

 Wi 30 min; Fd 90 min; Ks 120 min; Gi 45 min; Da 30 min.

Wer unten ankommt und aufgegessen und ausgetrunken hat, ist Sieger: die Sommerrodelbahn am Hoherodskopf.

Gespensterpicknick in Braunfels
Huiiiii

Eigentlich geht in Braunfels alles mit rechten Dingen zu: Die schöne Altstadt mit ihren Fachwerkhäusern lädt zur Besichtigung, der Braunfelser Kurgarten ist bekannt für seine seltenen Gehölze aus Europa und Übersee, das Heilwasser »Karlssprudel« in der Trinkhalle des Kurparks sprudelt, wie es

zwölfmal schlägt, öffne man je eine Flasche Kellergeister und eine Flasche Asbach Uralt, auf daß der Geist des Weines entschweben kann, trinke einen kräftigen Schluck, verteile die mitgebrachten weißen Bettlaken, nehme seinen Kopf unter den Arm und beginne zu spuken. Besonders Geist-volle(!) rezitieren hierbei schottische Gespenstergedichte aus dem frühen achtzehnten Jahrhundert oder etwas moderner: Edgar Allen Poes unheimliche Geschichten. Schlägt

Öko-Picknick
In den Steinbrüchen von Dietesheim

Früher wurde hier im Basaltabbau geschuftet. Heute dürfen wir uns in den Dietesheimer Steinbrüchen erholen. Vom Steinbruch zur Seelandschaft, vom Landschaftsschaden zum Naturschutzgebiet – ein Stück Wiedergutmachung an Mensch und Umwelt, ein genau geplantes Nutzungskonzept, straff durchgeführte Ausbau- und Pflanzmaßnahmen, ein Erholungsgebiet, entstanden am Reißbrett, getragen vom Umlandverband Frankfurt und der Stadt Mühlheim. Wo der Mensch sich erholt, schädigt er die Natur. Wildes Campen, Baden, das Errichten von Feuerstellen und andere Freizeitaktivitäten verhindern die ungestörte Entwicklung der hier ansässigen seltenen Tier- und Pflanzenarten. Wer hier die Natur genießen möchte, ohne Schaden anzurichten, sollte es mal mit einem Öko-Picknick versuchen. Suchen Sie sich ein nettes Fleckchen, ziehen Sie Ihre Birkenstocksandalen aus, und genießen Sie die herrliche Umgebung bei einer Pfand(!)flasche Ebbelwoi, naturtrüb und garantiert aus ungespritzten Äpfeln. Dazu paßt ein kräftiges Vollkornbrot mit Frischkäse und Kräutern – am besten hausgemacht, sowie Salate, Früchte und Gemüse – natürlich vom Öko-Bauern oder aus dem Naturkostladen. Das Grillen überlassen Sie den anderen. Absolut verpönt: Dosen, Einwegflaschen, Alufolie, Pappteller, Plastikbesteck und Fliegenklatschen. Nehmen Sie einen schönen Picknickkorb mit »echtem« Geschirr und vor allem: Nehmen Sie Ihren Abfall brav wieder mit nach Hause.

Die Dietesheimer Steinbrüche liegen zwischen Mühlheim und Hanau.
Anfahrt: Von Offenbach, Kaiserleikreisel B43 in Richtung Hanau. Dietesheim liegt kurz hinter Mühlheim.

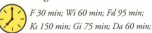
F 30 min; Wi 60 min; Fd 95 min; Ks 150 min; Gi 75 min; Da 60 min;

Halli-Galli auf der Lahn

Ein schwimmender Biergarten

Eine Lahnfahrt, die ist lustig. Besonders mit dem »Schwimmenden Biergarten«, der in Weilburg zu einer viereinhalbstündigen Schippertour ablegt. Gemütlich driftet man vorbei an reizvoller Landschaft und erreicht nach einiger Zeit den 140 Jahre alten, einzigen Schiffstunnel Deutschlands. Und jetzt wird es abenteuerlich: Nachdem die Schleusen von Hand geöffnet wurden, schwimmt der »Biergarten« 200 Meter lang im dunklen Tunnel. In der Akustik wird noch jedes dünne Stimmchen zum schmetternden Tenor. Danach geht es im Hellen weiter mit Musik und Tanz, Bier, Korn und Riesenschmalzbrot entlang der Lahntal-Ferienstraße und zurück zum Ausgangspunkt. Die Fahrt endet mit der Überreichung eines »Tunneldiploms« und wird für Gruppen ab 7 Personen veranstaltet. Der Reisepreis pro Person beträgt 44 Mark.

Info: Verkehrsamt der Stadt Limburg, Tel. 06431/6166.
Anfahrt: Die A 3 Richtung Limburg bis Abfahrt Limburg Nord Richtung Hadamar, dann Weilburg.

F 60 min; Wi 60 min; Fd 120 min; Ks 150 min; Gi 30 min; Da 90 min.

Nostalgisch: Picknick im Schloßpark Wilhelmsbad.

Sommerrodelbahn am Hoherodskopf

Schotten dicht!

Ski schlecht, Rodeln gut – heißt es selbst im heißesten Sommer im Skigebiet am Hoherodskopf bei Schotten. Denn hier hat es eine ganz besondere Attraktion: Wer Nerven wie Drahtseile und einen guten Magen hat kann sich (das ist erstmal kein Problem) mit dem Skilift hinaufbringen lassen, nur um dann (jetzt geht's los) in einer 750 Meter langen Fahrt mit 18% Gefälle, mit einem Edelstahlschlitten auf Rädern, in affenartiger Geschwindigkeit hinunter ins Tal zu sausen. Ein Naturerlebnis im Zeitraffertempo – bestens zu empfehlen für alle, die ihr hektisches Lebenstempo niemals ablegen können und trotzdem mal frische Luft schnappen wollen. Daß hinterher eine kräftige Brotzeit angesagt ist, versteht sich von selbst. Ganz Verrückte jedoch nehmen ihre Jause mit auf die große Sause. Wer unten ankommt und aufgegessen und ausgetrunken hat, ist Sieger. Merke: Unterwegs wegwerfen gilt nicht – erstens ist es unmoralisch und zweitens belastet es die Umwelt.

Die Sommerrodelbahn am Skilift Hoherodskopf (bei Schotten) ist nur bei gutem Wetter von 10-17 Uhr in Betrieb. Erwachsene zahlen 2,50 Mark, Kinder 2 Mark. Nähere Auskunft erteilt das Verkehrsamt Schotten, Tel. 06044/ 6666.
Anfahrt: Südöstlich von Gießen bis Abfahrt Wölfersheim, dann die B 455 Richtung Schotten.

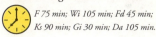
F 75 min; Wi 105 min; Fd 45 min; Ks 90 min; Gi 30 min; Da 105 min.

Der Rüdesheimer Winzerexpreß

Gemütlich durch den Weinberg

In Rüdesheim gibt es nicht nur die berühmt-berüchtigte Drosselgasse, sondern auch noch einige andere Attraktionen. Von März bis Anfang November fährt der Winzerexpreß durch die Rüdesheimer Weinberge. Abfahrt ist täglich von 10-18 Uhr in der Oberstraße vor dem Musikkabinett. Das Mini-Eisenbähnchen schnauft mit drei Wägelchen erst durch die Altstadt und erklimmt dann die steilen Wingerte oberhalb Rüdesheims. Ein Stück geht es den Weinlehrpfad entlang, wobei man aus berufenem Munde interessantes über die berühmten Rheingauer Rieslingweine erfährt. Das macht Appetit und vor allem Durst. Nur der herrliche Blick über den Rhein, den man von hier oben hat, entlohnt nicht ganz. Auch wenn für die Vergeßlichen das Bähnchen immer wieder extra stoppt, damit sie ein Andenkenfoto schießen können. Denn besonders schön und durchaus stilvoll wird die circa 40minütige Fahrt erst mit einer wunderbaren Flasche trockenen Riesling als Begleitung, die man sich selbst mitbringt. Da freut sich auch der Gaumen.

Und noch ein Tip, wenn man sich schon in Rüdesheim befindet: Die Maulbeerbaumallee am Rhein. Die fast ausgestorbenen Bäume – nur noch 202 Exemplare dieser alten Art gibt es – sind die letzten, die in Deutschland wachsen.

Eine Fahrt mit dem Winzerexpreß kostet 6 Mark für Erwachsene (Gruppen 5 Mark/Person) und Kinder unter 14 Jahren zahlen 3 Mark. Nähere Auskünfte über die genauen Abfahrtszeiten erteilt das Verkehrsamt der Stadt Rüdesheim, Tel. 06722/ 40831
Anfahrt: Die B 42 von Wiesbaden am Rhein entlang in Richtung Rüdesheim.

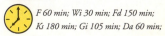
F 60 min; Wi 30 min; Fd 150 min; Ks 180 min; Gi 105 min; Da 60 min.

Für Kinder

Mit Kindern kann man in Hessen ungewöhnliche Touren organisieren. Sei's ein Abenteuerurlaub mit Eltern im Schlepptau oder ein Kinderspaß unter Gleichaltrigen – wir haben Ihnen die schönsten Möglichkeiten zusammengestellt.

von Petra Spahn

Die 10 schönsten Ausflüge mit Kindern

1. **Die Lochmühle** Zum Austoben schön
2. **Miniaturpark Gieselwerder** Kleine Häuser – Große Augen
3. **Märchenstadt Steinau** Die Teufelshöhle im Kinzigtal
4. **Der Opelzoo** Streicheln macht Spaß
5. **Taunus-Wunderland** Das hessische Disneyland
6. **Das Freie Theaterhaus** Echter Theaterspaß in Frankfurt
7. **Das Kinderreich Salzböden** Ein Dorf »nur« für Kinder
8. **Das Landgut Ebental** Ferien mit Ponys in Rüdesheim
9. **Märchenerzählerin Ute Helbig** Ganz gespannt im Hier und Jetzt
10. **Zoologischer Garten Frankfurt** Affenstark

Die Lochmühle

Zum Austoben schön

Die Kinder haben ihre Spielklamotten an, die Kühltasche ist gepackt, die Grillkohle im Kofferraum verstaut – raus aus der Stadt, nix wie weg ins Grüne. Mitten im Taunus liegt die Lochmühle, früher ein Bauern- und Ponyhof, heute ein Freizeitpark. Eltern können sichergehen, daß ihre Kinder voll beschäftigt sind und man sie nur selten zu sehen bekommt. Während die Eltern grillen, finden Kinder es spannender, auf einem Floß Pirat zu spielen und dabei in dem kleinen Bach richtig naß zu werden. Sind gerade alle Holzflöße belegt, dann kapert man halt eins. Zwischendurch wird wohl kurz eine Wurst mitgefuttert, dann aber gehts ans Ponyreiten oder Hängebauchschwein-Kitzeln. Neben einer Vielzahl (von etwa 1000) Tieren gibt es im Freizeitpark Lochmühle 150 Spielgeräte, unter anderem eine Riesenrutschbahn, Wasserbob oder einen Sessellift. Wer noch zu klein für solche Sachen ist, kann sich endlich einmal so richtig schön einpanschen: Es gibt Bagger zu mieten, mit denen man dem kleinen Bach an den Kragen rücken kann. *Geöffnet ist der Freizeitpark Lochmühle von März-Oktober von 9 Uhr bis es dunkel wird. Letzter Einlaß: 17 Uhr. Eintritt: 5 DM, Kinder 4 DM. Alle Geräte, die man nicht selbst bewegen kann, kosten extra (1 DM). Anfahrt: Autobahn A 5, Ausfahrt Friedberg, Richtung Friedrichsdorf, nach 1 km an der Ampel rechts abbiegen Richtung Usingen, nach drei km wieder rechts zur Lochmühle.*

 F 30 min; Wi 60 min; Fu 120 min; Ka 120 min; Gi 60 min; Da 70 min.

Miniaturpark in Gieselwerder

Kleine Häuser – große Augen

Ein Museum muß für Kinder nicht immer langweilig sein. Erst recht nicht, wenn es ein Freilichtmuseum ist wie der Miniaturpark in Gieselwerder. Sechzig Schlösser und Häuser (unter ihnen einige, in denen sich in der Wirklichkeit nicht nur ein Kind verlaufen würde) wurden hier in Miniatur orginalgetreu nachgebaut. Die Welt kann man so aus einer ganz

anderen Perspektive betrachten, denn die Gebäude sind nicht größer als ein kleiner Knirps. In Augenhöhe blicken die Kinder auf das märchenhafte Neuschwanstein, auf klappernde Mühlen, deren Räder sich – von kleinen Bächen getrieben – drehen. Die Kleinen marschieren wie durch ein Puppenhaus, das so echt aussieht, daß man glaubt, jeden Moment müsse Schneewittchen mit den sieben Zwergen erscheinen.
Geöffnet 1.4. bis 1.10. von 9-18 Uhr. Eintrittspreise: Kinder von 5 bis 14 Jahren 1 DM, Erwachsene 2,50 DM.
Anfahrt: Autobahn A 5/A 7 Richtung Norden bis Wesertal Bei Hannoversch-Münden linksseitig der Weser Richtung Bad Karlshafen, rechtsseitig Richtung Burgsfelde bis Gieselwerder.

 F 150 min; Wi 180 min; Fu 110 min; Gi 120 min; Da 180 min.

Märchenstadt Steinau

Die Teufelshöhle im Kinzigtal

Mancher mag im Zeitalter von Fernsehen und Video besorgt sein um die Phantasie seines Kindes. Führt man sich jedoch vor Augen, daß nichts spannender ist als die Gefahr, muß Abenteuer einfach sein. Und das gibt es zuhauf in den Märchenbüchern der Gebrüder Grimm. In Steinau hatten die Grimms einen nicht unwesentlichen Teil ihrer Jugend verbracht. Hier muß es nach Märchen förmlich riechen. Auf dem romantischen Marktplatz steht ein Märchenbrunnen. Das Steinauer Amtshaus, in dem sie lebten, wurde zum »Märchenhaus des deutschen Volkes«. Hier existiert die Marionettenbühne »Die Holzköppe«, die jährlich für 60.000 große und kleine Besucher spielt. Furcht-einflößende Sagen aber ranken sich vor allem um die Steinauer Teufelshöhle, die man besichtigen kann. Stalagtiten, Stalagmiten und seltsame Kalkgebilde ragen von den Wänden. Die Großen finden es einfach schön, die Kleineren sehen das meist ganz anders: hier riecht es nach Abenteuer. In Form von Felsen ragt ein Teufelskopf in den Gang hinein.
Anfahrt: die A 66 von Frankfurt Richtung Fulda, dann in Fortsetzung die B 40 bis Steinau.

 F 60 min; Wi 90 min; Fu 30 min; Ka 150 min; Gi 80 min; Da 90 min.

Nicht nur die Kleinen wundern sich: das Taunus-Wunderland.

Der Opelzoo

Streicheln macht Spaß

Aufregend ist ein Zoo ja immer, schade nur, daß man die Tiere in der Regel nicht anfassen kann. Beim Opelzoo in der Nähe von Kronberg im Taunus ist ganz anders: Hier darf man streicheln, soviel und solange man will (nicht immer zur Freude von Mama, wenn Klein-Klausi wie eine ganze Ziegenherde stinkt). Abenteuer, Spiele und rund 950 Tiere – da fühlen sich die Kinder schnell wohl. Giraffen, Papageien, Flußpferde in großzügigen Gehegen kann man hier sehen. Und nur hier gibt es noch Elefanten (der Frankfurter Zoo hat keine mehr). Auf Kamelen, Eseln und Pferden kann man durch das Gelände reiten. In welchem anderen Zoo darf man das schon? Außerdem existiert ein riesiger Spielplatz, auf dem es sich nach Lust und Laune toben läßt. Von der Riesenrutschbahn über Trampolin bis zum Karussell gibt es hier alles, was Kinderherzen begeistert. Wer mehr über die einzelnen Tiere erfahren möchte, kann sich über natürliche Lebensräume der Tiere und Pflanzen im kleinen Taunus-Naturkunde-Museum informieren.
Geöffnet ist der Opelzoo täglich von 8.30-18.00 Uhr. Telefon 06173/ 78670. Eintritt: Erwachsene 6 DM, Kinder 4 DM.
Anfahrt: A 66 bis Ausfahrt Königstein/Main-Taunus-Zentrum, dann über die B 455 bis zum Opelzoo.

 F 30 min; Wi 30 min; Fu 120 min; Ka 135 min; Gi 60 min; Da 45 min.

Taunus-Wunderland

Das hessische Disneyland

Es ist Wochenende, die Familie fährt in den Taunus. Die Kinder freuen sich riesig, denn es geht ausnahmsweise mal nicht zum Wandern (soo langweilig), sondern die Eltern fahren mit den Kleinen ins Wunderland. Das fängt gleich

53

gut an: nur wer größer ist als 85 cm muß Eintritt zahlen (12 DM). Papi wird es im Dragon-Roller-Coaster schlecht und Mami hat im Geisterschloß panische Angst – die Kinder können darüber nur lachen. Der Tag gehört ihnen, und sie schleppen die Eltern von einer Attraktion zur nächsten. Neben neun Fahrgelegenheiten gibt es im Taunus-Wunderland eine Geisterhöhle, eine Westernstadt, ein Saurierland (mit »echten« nachgebildeten Sauriern). Außerdem darf man Lamas, Kamele und Zebras streicheln – oder sogar auf ihnen reiten. Der Vergnügungspark hat einen eigenen Zoo mit heimischen und exotischen Tieren (z.B. fast 100 zahme Papageien). Ist man zwischendurch hungrig geworden, sucht man sich entweder einen der Picknickplätze aus oder geht ins Restaurant (picknicken ist natürlich schöner). Krönender Abschluß: den Papi von der Clown-Superrutsche schubsen.
Taunus-Wunderland, 6229 Schlangenbad 4, Tel.: 06124/ 4081-82. Öffnungszeiten: April, Mai, September 10-18 Uhr; Juni, Juli, August 9-18 Uhr. Bei guter Witterung auch an Oktober-Wochenenden und in den hessischen Herbstferien. Anfahrt: Die A 66 von Wiesbaden Richtung Eltville, bei Walluf auf die B 260 nach Schlangenbad.

 F 40 min; Fu 130 min; Ka 160 min; Gi 70 min; Da 40 min.

Das Freie Theaterhaus

Echter Theaterspaß in Frankfurt

Um ein eigenes Kinder- und Jugendtheater wird in Frankfurt noch gekämpft, und trotzdem brauchen theaterbegeisterte Kinder und Jugendliche nicht zu darben. Das Freie Theaterhaus hat es sich zur Aufgabe gemacht, einen Großteil seines Programms mit Kinder- und Jugendtheater zu bestreiten. Das legendäre Klappmaultheater hat für seine Puppen hier ebenso eine Heimstatt gefunden, wie das Theater Grüne Soße, das bisher hauptsächlich in Schulen und Jugendzentren aufgetreten ist. Mit ihren Stücken sind sie stets dicht an den Problemen und der Lust der Jugendlichen, und der Erfolg gibt ihnen recht: Im Freien Theaterhaus ist ein echtes Zentrum für Kinder- und Jugendtheater entstanden – Kinder und Jugendliche sind mehr als willkommen. So werden neben Schulvorstellungen vormittags auch immer wieder Projekte angeboten, an denen die jungen Gäste ihre kreativen Fähigkeiten z.B. am Ton- und Lichtpult ausprobieren können.
Freies Theaterhaus, Schützenstraße 12, 6000 Frankfurt 1, Tel. 069/ 299 861-9

 Wi 30 min; Gi 45 min; Fu 90 min; Ka 120 min; Da 30 min.

Das Kinderreich Salzböden

Ein Dorf »nur« für Kinder

Hier ist das Reich von Frederik Vahle, dem bekannten Liedermacher und Kinderbuch-Herausgeber. Hier organisiert er jedes Jahr zu Fasching ein großes Kinderfest im Bürgerhaus, hier komponiert und singt er seine Kinderlieder, und alle Kinder der Umgebung sind stets willkommen. Das ganze Dorf ist kindgerecht gestaltet. Mit dem Auto kommt man erst gar nicht richtig rein. Das verhindert ein großer Kinderspielplatz direkt im Zentrum. Es ist ein Dorf für Kinder, die sich hier mühelos beim Spielen kennenlernen. Gäste sind für die einheimischen Kinder eine willkommene Abwechslung. Der Kinderspielplatz dient als »Stadtzentrum« aller sich hier begegnenden Kinder, so, wie ein Marktplatz Treffpunkt der Erwachsenen ist. Aber an die Erwachsenen wird weniger gedacht, als an die Allerkleinsten: Alle Treppen sind so eingerichtet, daß man mit dem Kinderwagen einfach herunterkommt. Für die etwas Größeren ist selbst das Postamt so klein und schmal gehalten wie eine Kinderpost. Jeden Sommer gibt es Kanu- und Planwagenfahrten – damit erobern die Kinder die wirklich schöne Umgebung. Nur älter werden dürften sie eigentlich nicht. Für Jugendliche ist das Angebot vernichtend klein, die Erwachsenen haben lediglich eine Kneipe, und wer nicht dort essen will, fährt zur »Schmelzmühle« hinaus (am Ortsende Richtung Schmelz), einer schönen Wirtschaft mit guter Küche in einem alten Fachwerkhaus.
Anfahrt: Zwischen Marburg und Gießen Abfahrt Odenhausen, durch Odenhausen durch, links ab nach Salzböden.

 F 75 min; Wi 95 min; Fu 75 min; Ka 75 min; Gi 30 min; Da 95 min.

Das Landgut Ebental

Ferien mit Ponys in Rüdesheim

Ein Traum aus Kinderbüchern wird wahr: ein eigenes Pferd – wenn auch nur für einen Tag (oder eine ganze Woche). Das Landgut Ebental hat mehr als 50 Ponys, die zum Reiten und für Kutschfahrten bei kleinen Pferdenärrinen hochbeliebt sind (hier gibt es fast nur Mädchen, nur manchmal sieht man einen Jungen). Wer hier Reiterferien machen will, wohnt im ehemaligen Bauernhof, bekommt ein »eigenes« Pony, auf dem man ein bis zwei Stunden am Tag reiten kann. Die Kinder pflegen es natürlich selbst: das heißt unter anderem auch Sattelzeug putzen und Stallmisten! Aber das ist ja keine Arbeit für echte Pferdeliebhaber. Wer reiten kann, darf alleine durch die Wälder galoppieren (so schnell das Pony trägt), Anfänger werden geführt oder können auch mit einer Kutsche fahren. Eine Woche Ferien kosten 490 DM. Wer nur einen Tag hier verbringen möchte, zahlt für eine Stunde Reiten 18 DM (Erwachsene 24 DM). Geöffnet ist der Ponyhof vom 15. März - 15.November täglich von 9-19 Uhr. Während der Ferien können Kinder hier wochenweise auf dem Hof wohnen. Tel. 06722/ 2518.
Anfahrt: Die B 42 über Wiesbaden bis Rüdesheim, dann Richtung Niederwalddenkmal. Ausschilderung »Ponyland« folgen.

 F 60min; Wi 30 min; Fu 120 min; Ka 150 min; Gi 80 min; Da 60 min.

Die Märchenerzählerin Ute Helbig

Ganz gespannt im Hier und Jetzt

Großmutter Helbig ist in eine Darmstädterin mit einem wunderschönen Beruf: Sie ist Märchenerzählerin. Daß sie von Märchen viel versteht, merkt man nicht nur an ihrem scheinbar unerschöpflichen Repertoire. Sie weiß, wie man Kinder verzaubert und weiß, wie man Märchen so erzählt, daß die Kinder gebannt zuhören. Ute Helbig erzählt Märchen und Geschichten aus der ganzen Welt und führt die Kinder ins Reich der unbegrenzten Phantasie. Wenn die Kinder wollen, dürfen sie in den Märchen, die die Großmutter erzählt, auch mitspielen und in die Rolle sagenhafter Gestalten schlüpfen. Im Darmstädter Prinz-Emil-Schlößchen scharen sich die Kinder zwei- bis dreimal im Monat um die Vorstellung wundersamer Kobolde und unartiger Prinzessinnen, die in den Märchen aus aller Welt ihr Unwesen treiben und den zaubernden Funken leuchtender Kinderaugen versprühen. Telefonische Anmeldung genügt.
Info: Verkehrsamt Darmstadt 06151/ 132782 oder direkt im Prinz-Emil-Schlößchen: 06151/ 63278 oder 63151.

 F 30 min; Wi 30 min; Gi 70 min; Fu 75 min; Ka 150 min.

Zoo Frankfurt

Affenstark

Tierfilme gibt es im Fernsehen zuhauf, aber was ist das schon gegen einen Besuch im Zoo, wo man Krokodile, Panther, Eisbären und Tiger »in echt« sehen kann? Der Frankfurter Zoo ist eine grüne Oase im hektischen Frankfurt, die einen Besuch – gerade für Kinder – immer wieder wert ist. Besonders aufregend ist zweifelsohne das »Tag-und-Nacht-Haus«, in dem man Tiere (vom Wüstenfuchs bis zum Igel) sieht, die tagsüber eigentlich schlafen. Hier ist es stockduster. Um nicht verloren zu gehen, mag man einander bei der Hand greifen. Schwül und heiß ist es im Exotarium, in dem man Schlangen, Vogelspinnen und Krokodile, aber auch wunderschöne Fische und Pinguine beobachten kann. Auch noch spät abends, wenn Kinder vielleicht schon ins Bett gehören. Eine Attraktion nun aber wirklich für Kinder ist die Fütterung der lustigen Seehunde – scharenweise stehen die Familien um die Anlage und bestaunen die Kunststücke, die die eleganten Tiere anstellen, um einen Fisch vom Wärter zu ergattern. Toll ist das Menschenaffenhaus, in dem so mancher Sohn beim Betrachten des großen Gorillas schon feststellte: »Ganz der Papa!«. Um all das zu sehen, was hier geboten wird, bräuchte man wohl mehr als nur einen Tag, so kommt man halt öfters her.
Öffnungszeiten: Täglich von 8-19 Uhr (Exotarium 10-21 Uhr). Eintritt: Kinder 3,50 DM, Erwachsene 8 DM (mit Exotarium 4,50 DM, bzw. 9,50 DM). U-Bahnstation »Zoo«, Linie U 6, U 7.

 Wi 30 min; Fd 90 min; Ks 150 min; Gi 60 min; Da 30 min.

„...mit dem Wissen wächst der Zweifel."

(J. W. von Goethe)

Dieser Aphorismus illustriert in einfachen Worten die Leitidee der Chemetall GmbH. Jeder Zugewinn an Erfahrung und Know-how auf dem Gebiet der Spezialitätenchemie macht unseren Mitarbeitern bewußt, welche Verantwortung sie tragen. Verantwortung nicht nur für das Unternehmen, dem sie angehören. Sondern Verantwortung in einem weit höheren Rahmen, der sich definiert aus der Achtung vor den zukünftigen Generationen, der Umwelt und der Belange der Mitmenschen – seien es Mitarbeiter, Kunden oder Nachbarn.

Für ein Chemieunternehmen mit weltweiten Aktivitäten in den Bereichen Oberflächentechnik, Feinchemie, Polymerchemie und Gießereichemie ist die Suche nach neuen Produkten und Verfahren eine Aufgabe von höchster Priorität. Denn jeder Zugewinn an Wissen bietet neue Chancen. Er bringt aber auch die Verpflichtung, unser Tun immer wieder mit dem kritischen Blick des Zweiflers zu betrachten.

Chemetall GmbH –
Wissen und Verantwortung

Ein Unternehmen der Metallgesellschaft AG

CHEMETALL GMBH
Gesellschaft für chemisch technische Verfahren

Chemetall Gesellschaft für chemisch technische Verfahren mbH
Reuterweg 14, Postfach 10 15 01, D-6000 Frankfurt am Main 1
Telefon (069) 159-0, Telex 4 170 090 cm d, Fax (069) 159-3018

Volksfeste

Zwischen Apfelwein und Hummerzangen, Rippchen mit Champagner: Hessens Volksfeste sind nicht nur ein Gaumenschmaus. Mit Feuerwerk, Akrobaten und Kerzenschein werden sie zum Erlebnis für die ganze Familie.

Von Petra Spahn (Text) und Oliver Kaiser (Fotos)

Die 10 schönsten Volksfeste

1 **Der Wäldchestag in Frankfurt** Stadtflucht am Pfingstdienstag

2 **Heinerfest in Darmstadt** am ersten Juli-Wochenende

3 **Das Hochheimer Weinfest** Schoppeselige zum Julibeginn

4 **Das Höchster Schloßfest** Multikulti Mitte Juli

5 **Museumuferfest** Künstlermarkt am 1. Septemberwochenende

6 **Friedberger Altstadtfest** Verkaufsoffener Sonntag Ende Juni

7 **Deutsch-Amerikanisches Volksfest** Frankfurt feiert Amerika

8 **Bad Homburger Laternenfest** Kerzenidyll im September

9 **Der Rhein im Feuerzauber** – Rüdesheimer Böller im Juli

10 **Das Theatrium in Wiesbaden** – Hummerfantasien Anfang Juni

Der Wäldchestag in Frankfurt

Stadtflucht am Pfingstdienstag

Nach Pfingsten grillen die Frankfurter ihre Extrawurst. Während andernorts wieder gearbeitet wird, ziehen sie zu Tausenden ins Wäldche. Schon seit über 200 Jahren kehren sie wie von einem magischen Bann angezogen ihrer Stadt den Rücken, überqueren den Main und fallen wie 100.000 Lemminge über die Imbißstände am Oberforsthaus her. Schon immer haben sich Außenstehende gefragt, wer unterdessen die Stadt vor feindlichen Überfällen oder Diebstahl schützt. Heute kein Problem: Die zugezogenen Nichtfrankfurter halten die Stellung. Die Einheimischen amüsieren sich währenddessen zwischen Riesenrad und Karussells, Los- und Schießbuden, Rippche mit Kraut und Bratwurst. Vogelgezwitscher vermengt sich mit Volks- und Rockmusik – und dem menschlichen Gewieher aus unzähligen Bier- und Ebbelwoigärten. Für manche sind sie bestes Jagdrevier nach dem anderen Geschlecht. Familien sitzen hier stundenlang zusammen, auch wenn das Wetter traditionsgemäß einen Strich durch die Rechnung machen möchte. Doch wirklich naß werden nur die Kehlen: Ebbelwoi und Bier fließen in Strömen. Tagsüber sind die Frankfurter weitgehend unter sich, erst am Abend kommen die arbeitsamen Nichtfrankfurter nach, überzeugt, sonst etwas zu verpassen. Dann wird's im Wäldche richtig voll und die Stimmung steigt ins Unermeßliche.

Info: Verkehrsamt Frankfurt, Tourist Office, Tel.: 069/212.38800

 Wi 30 min; Fu 90 min; Ka 120 min; Gi 45 min; Da 30 min.

Das Heinerfest in Darmstadt

Heinerei am ersten Juli-Wochenende

Das Heinerfest ist mehr als eine gewöhnliche Kerb mit lokalem Charakter. Denn dieses Fest hat einen »europäischen Gedanken«, der in die feuchte Tat umgesetzt wird. Das Heinerfest ist das Fest der Darmstädter, das auch nicht vergißt, die Freunde ihrer

Eine spektakuläre pyromanische Inszenierung: der Rhein im Feuerzauber.

europäischen Partnerstädte einzuladen. »Heiner« nennen sich die Darmstädter mit Leib und Seele, zumindest jene Darmstädter, die nie etwas anderes sein wollten als Darmstädter. Von den Franzosen aus Troyes werden sie freundlich »Einähr« gerufen, von den Engländern aus Chesterfield etwas quietschend »Ainier«... Seit 41 Jahren gleicht das ganze Stadtzentrum einem riesigen Jahrmarkt. Alljährlich eröffnen der Oberbürgermeister und der Festpräsident das Heinerfest mit Bieranstich und von diesem Zeitpunkt an jagt ein Programmhöhepunkt den nächsten: Drei große Festzelte und etwa 200 Schausteller gehören ebenso dazu wie Sportveranstaltungen rund um das Volksfest (mit Triathlon, Stadtläufen, Handballturnieren, Wanderungen – welches Fest ist heute noch so sportlich!?). Dazu kommen Platz-, Jazz- und Serenadenkonzerte mit Frühschoppen, Rummelplatz, Theater und einer partnerschaftlich internationalen Küche zwischen Ochs' am Spieß, Vollwertkost und Paella. Die Heiner sind stolz auf ihr Fest, mehr vielleicht aber noch auf seinen Bekanntheitsgrad, der zunehmend steigt.

Info: Verkehrsamt Darmstadt, Tel.: 06151/132782

 F 30 min; Wi 30 min; Fu 105 min; Ka 150 min; Gi 75 min;

Das Hochheimer Weinfest

Schoppeselige zum Julibeginn

Hochheim am Main hat eine wunderschöne Altstadt, deren historische Fachwerkfassaden allein schon einen Besuch wert sind. Das Hochheimer Weinfest als Anlaß zu einer Fahrt in die Wein- und Sektstadt zu nehmen ist der beste Weg, um das idyllische Städtchen kennenzulernen. In den alten Gebäuden der Weingüter und Straußwirtschaften sitzt man stundenlang, vergißt die Zeit und meist auch die Promille. Denn wo schmeckt der Wein schon besser als unter freiem Himmel, zwischen Weinfässern, unter alten Bäumen und direkt beim Winzer auf dem Hof? Hat man sich erst einmal in einer solchen Hofecke festgesetzt, dann bekommt man vom eigentlichen Trubel in den Gassen kaum noch etwas mit. Da wird z.B. alljährlich die Weinkönigin gekrönt, auf zwei Bühnen spielen Musikgruppen, die dazu beitragen, daß bis tief in die Nacht getanzt werden kann. Kunstgewerbliche Stände und natürlich die 200 Wein-, Sekt- und Imbißstände reihen sich endlos aneinander. Die Hochheimer Erdbeerbowle ist übrigens besonders zu empfehlen. Die Kinder kommen auch auf ihre Kosten: verschiedene Karussells und Süßigkeitenbuden entschädigen für die angeschwipsten Eltern. Da ist es dann auch gleich, daß seit 1900 das Hochheimer Weinfest hauptsächlich der Weinwerbung dienen soll.

Info: Verkehrsamt Hochheim, Tel. 06146/900142

 F 30 min; Wi 15 min; Fu 120 min; Ka 135 min; Gi 60 min; Da 30 min.

Das Schloßfest in Höchst

Multikulti Mitte Juli

Sie können einfach nicht genug bekommen. Die Höchster geben sich nicht mit ein paar Tagen Schloßfest zufrieden, da muß schon mehr geboten werden. So geht es gleich drei Wochen vor

Ein Kleiner und drei große Nummern: das Deutsch-Amerikanische Freundschaftsfest in Frankfurt.

dem eigentlichen Fest-Wochenende schon los. Die Programmpalette umfaßt Open Air-Konzerte, Theater und Sportveranstaltungen, wobei der jeweilige Festpartner der Höchster (immer eine andere Stadt oder Region) stark einbezogen wird. Wie gastfreundlich die Höchster sind, merkt man nicht nur daran, daß der Festpräsident stets aus den Reihen eben der Gaststadt oder -region gewählt wird. In Höchst wird auch lange schon »multikulturell« gefeiert – die vielen Ausländer des Frankfurter Stadtteiles nehmen aktiv und zahlreich an den Veranstaltungen teil. Der Hauptcharakter des Schloßfestes ist entsprechend bunt, abwechslungsreich und weltoffen, was das Höchster Schloßfest auch in der Qualität vor anderen Festen auszeichnet. Das ganz und gar international wirkende Altstadtfest wird eine Woche vor dem Abschlußwochenende gefeiert. Da setzen die Italiener, Spanier und Türken nicht nur kulinarische Akzente, sondern nehmen mit ihren Folkloregruppen auch an den Umzügen teil. Mitte Juli findet der klassische Rummel rund um den Schloßturm, um die Justinus-Kirche und am Mainufer statt. Und egal welche Nationalität – alle sind Höchster (keine Frankfurter) und feiern was das Zeug hält.
Info: Verkehrsamt Frankfurt, Tourist Office, Tel. 069/212-38800

 F 15 min; Wi 30 min; Fu 105 min; Ka 135 min; Gi 60 min; Da 45 min.

Das Museumsuferfest in Frankfurt
Künstlermarkt am 1. Septemberwochenende

Varieté, Theater, Musik, Animation – ständig sind Artisten in Bewegung, Künstler zeigen Ausstellungen und Performances, das zweitägige Fest am südlichen Mainufer hält einiges auf sich, auch, daß es zu den künstlerisch ambitioniertesten Festen überhaupt gehört. Die Museen, die sich vor dem Mainufer wie an einer Perlenschnur aufreihen, bilden dazu eine sinnträchtige Kulisse. Und verlangen keinen Eintritt – ein Angebot, das freilich von den wenigsten genutzt wird. Denn das Leben findet auf der Straße und in den Gärten der Museen statt. Seit drei Jahren erst existiert das Museumsuferfest, das einst noch rauschender und prachtvoller mit einem Feuerwerk gefeiert wurde. Nach wie vor aber wirkt die Mischung aus Kunst und einem immensen Angebot kulinarischer Genüsse wie ein brodelndes Gemisch aus Fantasie, überraschender Kunstaktion und Varieté unter freiem Himmel. Das Publikum flaniert gelassen im Strom des sinnlichen Angebots, schaut sich nach Bekannten um und vermag sich das Wundern nicht immer zu verkneifen.

 Wi 30 min; Fu 90 min; Ka 120 min; Gi 45 min; Da 30 min.

Das Friedberger Altstadtfest
Verkaufsoffener Sonntag zum Juniende

Das Friedberger Altstadtfest gehört schon lange nicht mehr den Friedbergern allein. Die gesamte Umgebung ist unterwegs, was man spätestens im Auto auf der Hauptstraße in einem riesigen Korso von anderen Autos merkt, die alle am lustigen Such-den-Parkplatz-Spiel teilnehmen. Wollen die alle feiern oder wollen die einkaufen? Wohl beides, denn das Friedberger Altstadtfest ist eines der abwechslungsreichsten und familienfreundlichsten Feste seiner Art. Und dazu gehört auch, daß der Papa noch den Lukas haut, während die Mama bereits die Hose für den Markus kauft. Das Friedberger Spektakel bietet für jedes Alter etwas: eine Mischung aus Markttag (in den angestammten Geschäften), Altstadt- und Straßenfest. Das Hauptaugenmerk gilt aber zuerst den Artisten und Handwerkern auf dem Historischen Jahrmarkt im Burghof. In den naheliegenden Gassen der Altstadt spielen Musikbands Open Air-Jazz und -Rock bis zum Erzittern der historischen Fachwerkfassade. Und in allen Winkeln und Ecken wird gastronomisch geköchelt, gebraten und geröstet.
Info: Verkehrsamt Friedberg, Tel.: 06031/881

 F 30 min; Wi 60 min; Fu 105 min; Ka 105 min; Gi 30 min; Da 60 min.

Das Deutsch-Amerikanisches Volksfest
Frankfurt feiert rund um den 4. Juli Amerika

Seit 1985 wird der amerikanische Unabhängigkeitstag nicht mehr von der Öffentlichkeit verborgen in den Armeekasernen begangen. Die amerikanischen Soldaten, die längst selbstverständliche Gäste der Stadt sind, feiern seither ganz im Sinne der Völkerverständigung der beiden Stämme öffentlich – und sie haben ein durchweg positives Echo gefunden. Wer 2000 Cowboy-Hüte (meist zwei Nummern zu groß) sehen will, ist hier genau richtig. Am Ratsweg lassen sich zwei Wochen lang an den Tagen vor und nach dem 4. Juli unter dem Motto »Discover America« echte amerikanische Festgewohnheiten beobachten: Rodeo ist zweifelsohne die Hauptattraktion. Aber auch die Hot Dogs, Hamburgers, Spare Rips und Baked Potatoes sind nicht zu verachten, zumal sie – ohne Rücksicht auf Dienstrang – sogar von leibhaftigen Generälen zubereitet werden (was keine Garantie für hohe Kochkunst ist – man kann auch deutsch essen). Dazu gibt es amerikanisches Bier (der Wine-Cooler ist allerdings besser) und in einem riesigen Festzelt läßt sich wild und ausgelassen zu Country- und Rockmusik tanzen –

natürlich vor einer Gruppe von immer strahlenden Animateuren. Die Deutschen sorgen gleichberechtigt für ihren Kulturbeitrag. Der Stand mit den Kuckucksuhren ist jedes Jahr die wichtigste Anlaufstelle für romantische Amerikaner. Auf der großen Achterbahn, der Riesenrutsche und im Kettenkarussell – alles vom Größten und Schnellsten – vergnügen sich Deutsche wie Amerikaner gleichermaßen. Am 4. Juli ist dann die Hölle los. Da geben die Amerikaner eindrucksvoll zu verstehen, daß es für sie keinen höheren Feiertag gibt: In einer extra aufgebauten Arena wird ein feierliches Musikprogramm geboten, das seinen Höhepunkt in der Parade der Flaggen und in einem Feuerwerk findet. Das Auto sollte man an diesem Tag zu Hause lassen, rund um den Ratsweg geht dann wirklich nichts mehr.

Info: Verkehrsamt Frankfurt Tourist Office, Tel. 069/212-3880

🕐 *Wi 30 min; Fd 105 min; Ks 150 min; Gi 45 min; Da 30 min.*

unterschiedlichsten Höhepunkte: Einer ist sicherlich das freitägliche Jazz-Konzert im Schloßhof vor idyllischer Kulisse. Romantisch wird es am Samstag, wenn das Bad Homburger Schloß stilgerecht mit Tausenden von Kerzen beleuchtet wird. Zur gleichen Zeit ziehen am Abend Vereine und Musikkapellen in einem großen Laternenfestzug durch die Straßen der Innenstadt. Da zu einem richtigen Volksfest auch der übliche Rummelplatz, die Grillstände und die Biergärten gehören: In der Louisenstraße und der gesamten übrigen Innenstadt ist diesbezüglich wie immer der Teufel los. An der russischen Kapelle schließlich findet traditionsgemäß montags das Kinderfest statt, und die Kinder sind es auch, die in einem Kinderfestzug (mit selbstgebastelten Laternen) zur Abschlußveranstaltung in den Jubiläumspark laufen.

Info Verkehrsamt Bad Homburg, Tel. 06172/123131

🕐 *F 30 min; Wi 45 min; Fu 120 min; Ka 105 min; Gi 30 min; Da 45 min.*

schaftsveranstaltung inszeniert: der Rhein im Feuerzauber. Das Feuerwerk und das damit verbundene Volksfest beschränkt sich auf einen Abend, an dem sich die Ufer von Rüdesheim und Bingen mit Anwohnern und Weitergereisten füllen. Aufgebaute Imbißstände haben Hochkonjunktur, und die Restaurants am Wasser sind restlos ausgebucht. Manche Familien bringen sich gleich ihre Picknickkörbe und Stühle mit und sorgen sich frühzeitig um ein aussichtsreiches Plätzchen. Denen, die auf einem Schiff über den Rhein fahren wollen, um von dort aus das Feuerwerk zu erleben, ist zu raten, sich frühzeitig um Karten zu kümmern. Wenn es dunkel ist, gegen 23 Uhr, sehen die Besucher an den Ufern erstmals die bunte Beleuchtungsflotte, bestehend aus Dutzenden kleiner und großer Schiffe. Und bald darauf geht es auch los: An vier verschiedenen Stellen rund um das Binger Loch werden Großfeuerwerke abgefeuert. Das Spektakel dauert eine knappe Stunde – dann ist der Rauch verzogen. Der Rhein im Feuerzauber ist sicher nicht das größte Feuerwerk und auch nicht das größte Volksfest – aber an den Ufern des Rheins oder an Bord mit Blick auf die Weinberge ein romantisches Ereignis.

Info: Verkehrsamt Rüdesheim, Tel.: 0 67 22/ 4 08 31.

🕐 *Wi 30 min; Fu 115 min; Ka 150 min; Gi 60 min; Da 45 min.*

Das Theatrium in Wiesbaden

Hummerphantasien Anfang Juni

Ebbelwoi und Bratwurst contra Champagner und Hummer – beim Theatrium in Wiesbaden siegt das Edle, auch wenn quasi volkstümlich der Hummer mit der Hand gegessen wird. Die Wilhelmstraße, Wiesbadens »Rue«, in der das Theatrium drei Tage lang stattfindet, wirkt für ein Volksfest als ein unerwartet teures Parkett. Und trotzdem (oder gerade deshalb?) kommen jährlich über 200 000 Besucher nach Wiesbaden, die Kapazitätsgrenze des Festes scheint nahezu erreicht. Und trotzdem wird es von Jahr zu Jahr größer. Neben dem enormen gastronomischen Angebot des Theatriums und der Selbstinszenierung einiger Besucher gibt es auch ein buntes

organisiertes Programm. Auf fünf Bühnen finden etwa 150 Veranstaltungen statt (Mitglieder des Staatstheaters treten hier ebenso auf wie lateinamerikanische Musikgruppen). Seit 1977 gibt es das Theatrium, das vor allem ein Fest der Phantasie und des Straßentheaters sein soll. Irgendwie aber kommt diesem Grundgedanken immer wieder der Lachs und die Scampi in die Quere – Kunst und Kulinarisches konkurrieren heftig um ihre Gunst, vom Volk genossen zu werden.

Info Verkehrsamt: Verkehrsamt Wiesbaden, Tel. 0611/313608

🕐 *F 30 min; Fu 120 min; Ka 150 min; Gi 60 min; Da 30 min.*

Die Drosselgasse in Rüdesheim

Wein, Weib und Gesang: Ein ganzes Jahr lang Volksfest

Wahrscheinlich heißt die Drosselgasse Drosselgasse, weil man sich hier so herrlich einen zwitschern kann. Sicher ist, daß das genau 144,5 Meter lange Kopfsteinpflaster-Sträßchen mit seinen elf Weinkellern und vier Andenkenläden am Platz zum Inbegriff von Weinseligkeit und rheinischem Frohsinn geworden ist. Hier schunkelt der Japaner mit dem Engländer, und die Ziehharmonika spielt dazu. Rüdesheim hat 9.500 Einwohner, im Sommer wälzen sich täglich bis zu 35.000 Menschen durch die Drosselgasse – der Besuch des Niederwalddenkmals (die »Germania« 12,38 Meter hoch, 32 Tonnen schwer und sowohl mit einem 7 Meter langen Reichsschwert wie einer 12 Zentner-Krone bewaffnet) macht selbst erprobte Nationalpilger durstig. Gestillt wird der Durst mit dem schlechtesten und gleichzeitig teuersten Schoppen am Rhein – von Einheimischen – die die Gasse meiden wie der Teufel das Weihwasser – »Bubbes« genannt. Doch wen stört's – ist es doch eine Heidengaudi und wer am Rhein war, ohne die Drosselgasse gesehen zu haben, hat etwas versäumt. Und kennt nicht den berühmt-berüchtigten Gassenhauer »Wenn das Wasser im Rhein gold'ner Wein wär, ja dann möcht' ich so gern ein Fischlein sein...«

Drei Wochen Remmi-Demmi: das Höchster Schloßfest.

Das Bad Homburger Laternenfest

Kerzenidyll am 1. September-Wochenende

Was eine Weinkönigin ist, weiß jedes Kind, aber was bitte ist eine Laternenkönigin? Die Bad Homburger wissen das. Jedes Jahr inthronisieren sie eine Woche vor ihrem eigentlichen Laternenfest eine Laternenkönigin. Dem Licht sei dank. Das Laternenfest selbst dauert vier Tage und bietet die

Der Rhein im Feuerzauber

Rüdesheimer Böller im Juli

Die meisten Volksfeste haben eines gemeinsam: sie enden mit einem Feuerwerk. Doch wo andernorts Pyrotechniker Abschiedsraketen zünden, da fangen die Gemeinden Rüdesheim und Bingen erst an. Rund um das Binger Loch wird eine weit über die Grenzen hinaus bekannte Gemein-

Werksbesichtigungen

Die 10 interessantesten Werksbesichtigungen

1. **Der Hessische Rundfunk** Einmal ins Fernsehen kommen...
2. **Opel Werke Rüsselsheim** Faszination Technik
3. **Frankfurter Flughafen** Superlative ohne Ende
4. **Frankfurter Apfelkelterei** Das Stöffche der Frau Rauscher
5. **Frankfurter Allgemeine Zeitung** Schwarz auf weiß
6. **Licher Brauerei** Alles Natur oder was?
7. **Farbwerke Hoechst** Chemie und Mensch
8. **Glashütte Süsmuth** Handarbeit und Mundwerk
9. **Besucherbergwerk Grube Gustav** Abstieg in die Unterwelt
10. **Volkswagen Kassel** Das Volk schaut auf seinen Wagen

Hessen unter Tage oder tagsüber: Sie können anderen bei der Arbeit zusehen, hinter die Kulisssen blicken, neue Perspektiven erfahren – Hessens Firmen sind darauf eingestellt.

von Petra Spahn (Text) und Oliver Kaiser (Fotos)

Der Hessische Rundfunk

Einmal ins Fernsehen kommen...

Über den Besucherdienst des Hessischen Rundfunks kommen Sie garantiert ins Abendprogramm und können als Zuschauer bei der »Hessenschau« ihren Lieblingen daheim zuwinken. Es ist der krönende Abschluß einer Gästeführung des HR, bei der man in den Fernseh- und Hörfunk-Studios, Werkstätten, der Hörspielproduktion, dem Fernschreiberaum, Sendesaal und vielem mehr die tägliche Arbeit beobachten kann. Eine Multi-Media-Show (20 Minuten) führt in den Betrieb mit Hintergrund-Informationen ein, der Rundgang dauert noch einmal anderthalb Stunden. Spontan kann es passieren, daß ein Hörfunkmoderator den Gast in ein Life-Geplauder am Mikrofon verwickelt. Seit einiger Zeit gibt es auch das Projekt »Kinderführungen«, bei dem Kinder im Tonstudio mit Technikern selbst produzieren und schneiden können. Der HR geht

...immern und Rauschen: Die Führung im Hessischen Rundfunk gewährt Einblick in die Studioarbeit.

bei besonderem Interesse auch auf Sonderwünsche ein (Besuch Bild-Regie TV, Gespräche mit Vertretern bestimmter Abteilungen). Die Nachfrage ist groß, Gruppen müssen längere Wartezeiten einplanen. Einzelpersonen (bis 6) können sich meist ohne Wartefrist anschließen. Werktags werden 3-4 Führungen angeboten, wobei nur eine zeitlich festliegt: um 17.30 Uhr mit besagtem »Hessenschau«-Besuch.
Anmeldungen beim HR Besucherdienst, Frankfurt, Bertramstraße 8, Tel.: 069/ 1553119.

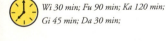 *Wi 30 min; Fu 90 min; Ka 120 min; Gi 45 min; Da 30 min;*

Opel Werke Rüsselsheim

Faszination Technik

Neunzig Minuten lang wird der staunende Besucher durch Hallen geführt, in denen Roboter das Sagen haben und die Geburt des »Deutschen liebstes Kind« geschieht. Der Entstehungsweg eines Autos wird in seinen einzelnen Stationen erklärt und demonstriert. Der Weg durch das Werk führt vorbei an den Transferpressen, dem Karosseriewerk (hier schweißen Roboter) und der Komponentenanfertigung für Einzelteile. Zu Fuß sind die Entfernungen im riesigen Opel-Werk nicht zu bewältigen, so wird der Besucher von Halle zu Halle mit einem Bus chauffiert (es bleibt ein Rest-Fußweg von 2 km). Der wichtigste und faszinierendste Augenblick ist zweifelsohne die sogenannte »Hochzeit«, die Wagenendmontage. Wenn sich von oben die fast fertige Karosserie auf die Fahrwerksteile und den Motor herabsenkt. Wer nach viel Technologie ein wenig Nostalgie erleben möchte, kann sich die kleine Oldtimer-Ausstellung ansehen. Die Opel-Werke besuchen jährlich über 50 000 Menschen. Von Montag-Freitag finden täglich drei Führungen statt (8.30 Uhr, 10.45 Uhr und 14 Uhr). Gruppen können sich bei Adam Opel, Öffentlichkeitsarbeit, Dr. Günther Gerlach, 6090 Rüsselsheim, Tel.: 06142/ 662378 anmelden (da die Nachfrage groß ist, frühzeitig anmelden).
Rüsselsheim an der A 67, am Rüsselsheimer Dreieck Richtung Mainz auf die A 60, Abfahrt Rüsselsheim Süd. der Ausschilderung folgen. Eingang: Marktstraße, Nähe Bahnhofsplatz.

🕐 *F 15 min; Wi 30 min; Fu 110 min; Ka 135 min; Gi 60 min; Da 20 min.*

Der Frankfurter Flughafen

Superlative ohne Ende

Sie stehen an der Brüstung und schauen sehnsüchtig dem startenden Jumbo hinterher. Kaum zu glauben, aber wahr: Die Besucherterrasse des Frankfurter Flughafens ist nach Neu-Schwanstein der meistbesuchte Ort Deutschlands. Wer an die Innereien des Flughafens näher heran will, dem bietet der Flughafen eine 50 Minuten lange Besichtigung; sie wird von dem privaten Unternehmen Air Classic durchgeführt. Ein Bus fährt direkt an die Rollfelder und zur Startbahn West — vorbei an der größten Wartungshalle der Welt, dem Passagierterminal, dem Frachtzentrum und der Feuerwehr. Mit über 1000 Flugbewegungen täglich ist Frankfurt Europas größter Passagierflughafen. Man wird mitten durch die »Stadt ohne Einwohner« kutschiert, wie der Flughafen (53.000 Mitarbeiter) genannt wird, eine Metropolis, die wie eine Schweizer Uhr funktioniert. Im Sommer fahren die Busse täglich um 11 und 14 Uhr (Samstag und Sonntag auch 13 und 15 Uhr) von der Besucherterrasse ab. Dort erhält man auch die Karten für 9 DM (6

61

Wo das Stöffche herkommt: die Apfelkelterei Possmann.

DM für Kinder) im Air Classic-Büro. Eine weitere Führung der Flughafengesellschaft (FAG) für Gruppen ab 25 Personen demonstriert zusätzlich die modernste Gepäckförderanlage der Welt. Hier muß man sich schriftlich bei der Flughafen AG, Abteilung KI 32, Besucherservice, 6000 Frankfurt 75, anmelden. Lange Wartezeiten.

🕐 *F 30 min; Wi 30 min; Fu 100 min; Ka 135 min; Gi 60 min; Da 30 min;*

Frankfurter Apfelkelterei Possmann
Das Stöffche der Frau Rauscher

Wer bitte ist Frau Rauscher und was ist ein Speierling? Monsieur Dietz, ein Frankfurter Original, schildert dem Besucher anschaulich den Werdegang des Apfels vom Baum zum Durstlöscher. Jeder Produktionsschritt wird gezeigt, von der Apfelwaschanlage bis zur Auslieferung. Den Apfel selbst bekommt man allerdings nur kurze Zeit im Jahr (Anfang bis Mitte September) zu sehen — während der Erntezeit. 800 Tonnen Äpfel werden rund um die Uhr in den Pressen verarbeitet — Possmanns Jahresbedarf. Neben der Verarbeitung des Keltereiprodukts erhält der Besucher auch Einblick in die Ebbelwoi-Geschichte. Alte Eichenfässer (die aus Kostengründen nicht mehr verwendet werden) sind in einem Keller ausgestellt. Nach anderthalb Stunden Führung lädt der Frankfurter Familienbetrieb in vierter Generation zum Frankfurter Traditionsgericht: Rippche mit Kraut. Dazu gibt's das Stöffche — worauf jeder sehnlichst gewartet hat.
Führungen Mo-Do, 13.30 Uhr bis 16.30 Uhr. Anmelden können sich Gruppen von 12-30 Personen bei Herrn Cebulla, Tel. 069/ 789904-22. Possmann Kelterei, Eschborner Landstr. 156-162, 6000 Frankfurt 90.

🕐 *Wi 30 min; Fu 90 min; Ka 120 min; Gi 45 min; Da 30 min;*

Frankfurter Allgemeine Zeitung
Besichtigungen schwarz auf weiß

Dahinter steckt immer ein kluger Kopf« – aber was steckt denn nun wirklich dahinter? Immerhin gehört die Frankfurter Allgemeine Zeitung zu den wenigen deutschen Tageszeitungen, die in der ganzen Welt gelesen werden. Schaut man hinter die Kulissen der F.A.Z., kann man erleben, wie eine solche Zeitung hergestellt wird (der lange Weg zur Schlagzeile auf den Frühstückstisch). Wie arbeitet eine Redaktion? Woher kommen die Nachrichten? Und was ist eine Rotationsdruckerei (rotiert sie wirklich)? Wie wird der Versand abgewickelt (eben weil man auch am anderen Ende der Welt die F.A.Z. liest)? Die Betriebsbesichtigung der Frankfurter Allgemeinen gibt nicht nur hierauf eine Antwort. Ein Infor-mationsfilm (15 min.) zu Beginn gewährt einen Einblick in das Unternehmen, das 1300 Menschen beschäftigt und 550 Mio. DM im Jahr umsetzt. Auf Wunsch kann auch ein Gespräch mit einem Redakteur oder einer Redakteurin stattfinden. Außerdem können bei besonderem Interesse die Fernseh-Studios eingesehen werden. Die Besichtigung (Mo – Fr jeweils um 15 Uhr) dauert anderthalb Stunden. Bitte wenden Sie sich an Frau Irene Bossert, Tel. 069/ 75911604. Einzelpersonen können sich Gruppen nach Vereinbarung anschließen. Anmelden sollte man sich vier Wochen vorher.
Frankfurter Allgemeine Zeitung, Hellerhofstr. 2-4, 6000 Frankfurt 1, Ecke Mainzer Landstraße, S-Bahn-Station »Galluswarte«, Straßenbahnhaltestellen »Galluswarte« oder »Speyerer Straße«.

🕐 *Wi 30 min; Fu 90 min; Ka 120 min; Gi 45 min; Da 30 min.*

Licher Brauerei
Alles Natur oder was?

Seit 136 Jahren wird das Licher Bier gebraut und ist heute mit 20% Marktführer in Hessen. Die 500 Mitarbeiter bleiben bei der Arbeit entgegen anderslautender Vorstellung stets nüchtern (und bekommen dafür 6-7 Kästen Bier im Monat umsonst). Wie kommt das Bier in die Flasche? Die Brauerei Ihring-Melchior in Lich bietet einen einstündigen, informativen Besucherrundgang. Er ist anschaulich strukturiert und gewährt faszinierende Ein- und Ausblicke. An jeder einzelnen Produktionsstätte und allen Anlagen wurden Schilder angebracht – auf Besucher hat es die Firma bewußt abgesehen. Obwohl die Vergärung in geschlossenen Bottichen stattfindet, wurde für die Gäste eine offene Vergärung in riesigen Wannen organisiert. Die Flaschenabfüllung beobachtet man aus der Vogelperspektive, wobei einem bei 60 Tausend Flaschen pro Stunde schon schwindlig wird. Das wird ja pro Stunde auch alles getrunken... Krönender Abschluß ist der Besuch der urigen Terrasse im obersten Stockwerk der Brauerei. Bei einem Licher schaut man auf die schöne Landschaft und fühlt sich »im Herzen der Natur«, in welchem auch der Puls von zehn Brauereigäulen noch schlägt – es sind die letzten in Deutschland.
Führungen durch die Brauerei: Dienstag-Donnerstag, vormittags und nachmittags nach Voranmeldung bei Frau Walter, Tel. 06404/ 82135. Anfahrt: Über die Autobahn, Abfahrt Gießen-Licher-Straße, Richtung Lich.

🕐 *F 45 min; Wi 60 min; Fu 75 min; Ka 90 min; Gi 15 min; Da 75 min;*

Farbwerke Hoechst
Chemie und Mensch

Damit eine Besichtigung für jedermann (denn ein Seniorenverband hat meistens andere Interessen als eine Hochschulgruppe) verständlich wird, stellt die Hoechst AG vor der Besichtigung anhand eines Fragebogens die individuellen Interessen der Besucher fest. Das Besucherkonzept soll vor allen Dingen ein »Verstehenskonzept« sein. Es können und sollen Wünsche geäußert werden: wie zum Beispiel die Besichtigung der Penizillin-Herstellung, der Luftzerlegungsanlagen – ein Einblick wird auch in die unstrittenen Bereiche der Gentechnik oder Biotechnologie gewährt. Für die einzelnen Führungen werden entsprechende Ansprechpartner gestellt. Interessant ist auch die Abteilung Pharma-Konzeptionierung, in der Pharmazeutika in entsprechende Darreichungsformen gebracht wird. Man kann hier von oben durch eine Glasscheibe z.B. die Herstellung von Tabletten beobachten. Im Anschluß an jede Führung können Diskussionen stattfinden. Die Dauer einer Führung bewegt sich zwischen drei und fünf Stunden. Anmeldungen 6-8 Wochen vorher an die:
*Hoechst AG, Öffentlichkeitsarbeit, Postfach 800320, 6230 Frankfurt 80, Tel. 069/ 3056666.
Anfahrt: die A66, Abfahrt Kelkheim, über die Schmalkaldener Str., Hunsrückstr., Liederbacherstr. Im Kreisel die zweite Str. rechts zum Tor Ost.*

🕐 *Wi 30 min; Fu 90 min; Ka 120 min; Gi 45 min; Da 30 min.*

Glashütte Süsmuth
Handarbeit und Mundwerk

In der Glashütte Süsmuth in Immenhausen werden Trinkglasserien, Vasen, Schalen, Karaffen und auch Zubehör für Beleuchtungen hergestellt. Besonders interessant ist die Besichtigung der Glas-

hütte, weil hier noch alles mundgeblasen wird und man die Glasbläser bei ihrer Arbeit beobachten kann. Der Besucher wird direkt an die Glasschmelzöfen geführt, an denen es im wahrsten Sinne heiß hergeht und dem schwitzenden Zuschauer nur die Bewunderung für die genauso schweißgebadeten Glasbläser und deren Kunst und Ausdauer bleibt. In der Schleiferei wird das Glas »abgesprengt« und dann am Band (wieder per Handarbeit) abgeschliffen. Ein faszinierendes Erlebnis, bei dem man sich weitaus länger aufhalten könnte. Nach gut 30 Minuten aber schließt die Führung an der Verpackung und Endkontrolle der Gläser. Nun kann der Besucher noch das Museum der Glashütte besichtigen, in dem aktuelle Ausstellungen renommierter und unbekannter Glaskünstler gezeigt werden. Führungen finden täglich zwischen 9.30 Uhr und 11.30 Uhr, und zwischen 13 Uhr und 14.30 Uhr jeweils alle halbe Stunde statt.
Eintritt: für Erwachsene 3 DM, Schüler 2 DM.
Anmelden muß man sich bei Frau Ode, Tel. 05673/ 2001, Süsmuth Glasmanufaktur, Am Bahnhof 3, 3524 Immenhausen.
Anfahrt: Von Kassel die Landstraße nördlich über Vellmar, weiter über Espenau nach Immenhausen. Ab hier ist sie ausgeschildert.

🕐 *F 130 min; Wi 160 min; Fu 90 min; Gi 100 min; Da 160 min.*

Das Besucherbergwerk Grube Gustav

Abstieg in die Unterwelt

Im Höllental nahe der Gemeinde Abterode bei Meißner wird man unter Tage durch die Jahrhunderte geführt. Die Geschichte des lokalen Bergbaus und die Arbeitsverhältnisse der Bergmänner im Mittelalter wird hautnah vermittelt. Bergleute suchten seit dem 16. Jahrhundert nach Schwerspat und nach Kupferschiefer für Kirchdächer; ihre gefährliche Arbeit ahnt der Besucher im Kriechstollen sofort. Heute ist das Einfahren in die Grube ungefährlich. Aber mulmig wird einem doch, etwa, wenn man an der Stelle anlangt, an der noch 1957 zwei verschüttete Bergleute aus der Grube geholt wurden. In der ehemaligen Fördermaschinenkammer sind seit 1968 alte und moderne Werkzeuge sowie Mineralien aus der Umgebung ausgestellt. Geschultes Personal führt die Besucher ca. eine Stunde durch die Bergbau-Grube.
Geöffnet 17.3.-30.4. und 1.9.-27.10 jeweils Di, Do, Sa, So; in der Zeit zwischen 1.5. und 31.8. täglich Di bis So. Besichtigungen nur mit Führung, jeweils 14-16 Uhr. Gruppen ab 15 Personen auch außerhalb dieser Zeiten nach Voranmeldung: P. Hesse, Kupfergasse 8, 3447 Meißner 1, Tel.: 05657/7233 oder 7500.
Anfahrt: Autobahn A4 Abfahrt Bad Hersfeld auf die B27 Richtung Bebra, Eschwege Abfahrt Meißner-Abterode.

🕐 *F 90 min; Wi 105 min; Fu 30 min; Ka 45 min; Gi 45 min; Da 120 min;*

Volkswagen Kassel

Das Volk schaut auf seine Wagen

Ob es Ersatzteile für den kaputten »Käfer« in Brasilien sein sollen oder für den rostigen »Passat« in Singapur: In Kassel steht Europas größtes Ersatzteillager für die weltweite Versorgung von 30 Millionen »VW« und »Audi«. Dieses riesige Lager kann man im Rahmen eines Besuches der VW-Werke in Kassel besichtigen. Dort werden täglich auch dreißigtausend Stoßdämpfer gefertigt, die man zu sehen bekommt. Ebenso wie den Getriebebau für »VW«, die Einzelteilfertigung mit Rohbau und die Karosseriefertigung. Zwei Stunden dauert die Führung durch das Werk, die von Montag bis Freitag jeweils um 9.30 Uhr und um 13.30 Uhr angeboten wird. Gruppen bis zu 30 Personen werden mit einem Golf-Modell mit Anhänger durch das Werk gefahren. Sind es mehr, wird gelaufen (die Führung dauert dann nicht länger, man sieht nur etwas weniger).
Anmeldung: VW Besucherdienst, Postfach 103860, 3500 Kassel, Tel. 0561/ 4902099.
Anfahrt: Am Südkreuz Kassel die Autobahn 44 in Richtung Dortmund, Abfahrt Kassel-Wilhelmshöhe.

🕐 *F 120 min; Wi 150 min; Fu 75 min; Gi 90 min; Da 150 min.*

Hessische Agrarmarketinggesellschaft:

Wir machen uns stark für Lebensmittelqualität aus Hessen.

Schloßhotels

Ritterlich: Burg Staufenberg im Lahntal.

Die 10 schönsten Schloß-hotels

1. **Schloß Kronberg**
   Monarchie und Luxus
2. **Dornröschenschloß Sababurg**
   Ein Märchen für Verliebte
3. **Schloß Weilburg**
   Außen Barock, innen Sixties
4. **Burg Hohenstein**
   Klein, aber kulturbeflissen
5. **Schloß Hirschhorn**
   Zimmer mit Aussicht
6. **Jagdschloß Niederwald**
   Wein, Wild und Geschmack
7. **Schloß Waldeck**
   Satt und zufrieden
8. **Burg Staufenberg**
   Wie die alten Rittersleut'
9. **Schloß Spanngenberg**
   Turmhoch überlegen
10. **Burghotel Trendelburg**
    Landgräfliche Tafeley

von Petra Hardt (Text) und Ulli Kollenberg (Fotos)

Es ist schon etwas ganz Besonderes, in Hessens Schlössern und Burgen ein märchenhaftes Wochenende zu verbringen – in alten Gemäuern, hochherrschaftlichen Betten und feinen Restaurants.

Schloß Kronberg
Monarchie und Luxus

Der malerisch am Südhang des Taunus gelegene Luftkurort Kronberg hat nicht nur den Opelzoo, die Johanniskirche und die Burg der Ritter von Cronberg zu bieten, sondern auch eines der bedeutendsten Hotels auf europäischem Boden: das Schloßhotel Kronberg. 1891 bis 1894 von der Witwe Kaiser Friedrichs als Altersruhesitz vollendet eingerichtet, 1945 bis 1951 von den Amerikanern konfisziert und als Schlafstelle für den späteren Präsidenten Eisenhower genutzt, beeindruckt das idyllisch inmitten eines Golfplatzes am Stadtpark gelegene Tudor-Haus selbst abgebrühte Hotelgäste. Es fängt mit der imposanten Auffahrtsallee an, geht über die Reihe der parkenden Luxuskarossen und das gewaltige Foyer bis zu den endlos langen, gobelingesäumten Gängen. Und endet bei den antik eingerichteten Doppelzimmern. Wer beim Dinner nicht den Reichen und Berühmten aus nah und fern begegnen möchte, läßt sich die Variationen von Kaninchenfilet mit Entenstopfleber in der Honigkruste vom perfekt-diskreten Service im Séparé servieren. Es lebe die Dekadenz.

Schloßhotel Kronberg, Hainstraße 25, 6242 Kronberg im Taunus, Tel. 06173/ 70101, Preise: DZ 365 bis 570 DM, Suite 680 bis 810 DM. Die Royal Suite 1550 DM.

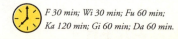

F 30 min; Wi 30 min; Fu 60 min; Ka 120 min; Gi 60 min; Da 60 min.

...el und imposant: Schloßhotel Kronberg.

Dornröschenschloß Sababurg
Ein Märchen für Verliebte

Eingebettet in Wäldern, darunter dem 22 Hektar großen Naturschutzgebiet »Urwald« im Reinhardswald mit uralten Eichenbeständen, hätte die 1334 erbaute Sababurg sehr wohl Schauplatz des Grimmschen Märchen von Dornröschen sein können. Liebespaare von heute sind jedenfalls von dem landgräflichen Schloß bezaubert: Die von barokken Hauben gekrönten Eckrundtürme und die malerische Ruine des Palastes sind die ideale Kulisse für ein märchenhaftes Wochenende. Genächtigt wird in stilvollen Gemächern, die anstelle von Nummern tierische Namen wie »In der Wilden Sau« oder »Zum Schwarzen Bären« tragen und deren Symbole vom Maler Tischbein stammen. Die Hochzeitszimmer im Turm, selbstverständlich mit Himmelbett, tragen edlere Namen – »Im Zobel« zum Beispiel. Das Standesamt ist gleich in der Burg, das Flitterprogramm kostet 898 Mark und läßt kein Klischee ungeschoren: Prinz und Dornröschen begrüßen persönlich das junge Glück, Schampus und 5-Gang-Menü sind ebenso selbstverständlich wie ein Schlummertrunk (den frisch Verheiratete wohl am wenigsten brauchen) oder eine wunderschöne Kutschfahrt durch den 400 Jahre alten Tierpark, in dem fast oder ganz ausgestorbene Tiere der germanischen Wälder wie Wisente oder Urwildpferde gezüchtet werden. Hand in Hand spazierengehen im Reinhardswald, ein Abendessen mit herrlichem Ausblick, sommerliche Theater-vorstellungen und Konzerte – was brauchen Verliebte mehr?
*Dornröschenschloß Sababurg, 3520 Hofgeismar, Tel. 05671/ 8080, DZ 185 bis 245 DM.
Anfahrt: nördlich von Kassel über die B83 Richtung Hofgeismar, in Hofgeismar rechts ab nach Sababurg.*

 F 150 min; Wi 150 min; Fu 120 min; Ka 150 min; Gi 120 min; Da 180 min.

Schloß Weilburg
Außen Barock, innen Sixties

Er gilt als einer der schönsten in Europa: der Renaissance-Schloßhof in Weilburg. Umschlossen von vier Flügeln, geschmückt mit Arkaden, Giebeln und dem Uhrturm, bildet er zusammen mit dem Schloßgarten und der barocken Schloßkirche alljährlich im Juni und Juli den festlichen Rahmen für die »Weilburger Schloßkonzerte«, bei denen Solisten und Orchester von Weltrang ihr Bestes geben. Das Motto des komfortablen und harmonisch in die historischen Viehhofbauten eingepaßten 100-Betten-Hotels gilt das ganze Jahr über: »Tagen und feiern wie einst die Grafen und Fürsten von Nassau-Weilburg«. Die hatten zwar das Ambiente, aber noch nicht das Restaurant »Alte Reitschule«, das Hallenschwimmbad, Pool-Billard, Kegelbahn und Fitness-Räume. Für romantische Gemüter bietet das von 1535 bis 1575 erbaute Renaissance-Schloß, das Anfang des 17. Jahrhunderts zu einer weitläufigen Barockresidenz mit Marstall und Reithalle erweitert wurde, eine Orangerie mit absteigenden Terrassengärten. Der Blick von dem an drei Seiten von der Lahn umflossenen Bergrücken entschädigt auch für den nüchternen 60er-Jahre-Charme der ansonsten nicht gerade billigen Zimmer.
Schloßhotel Weilburg, Langgasse 25, 6290 Weilburg an der Lahn, Tel. 06471/ 39096, Preise: DZ 185 bis 210 DM, App. 240 DM.

F 60 min; Wi 60 min; Fu 120 min; Ka 150 min; Gi 30 min; Da 90 min.

Burg Hohenstein
Klein, aber kulturbeflissen

Die mächtigen Grafen von Katzenelnbogen ließen sie 1190 aus Schieferbruchstein erbauen: Burg Hohenstein, 360 Meter hoch über dem lieblichen Aartal, inmitten der Stille abgelegener

Mit Chinesischer Mauer: Hotel Burg Hohenstein.

Taunuswälder. Mittelalterlicher Charme gepaart mit den Errungenschaften heutiger Zivilisation: Das Hotel-Restaurant »Waffenschmiede« ist nachträglich nach alten Plänen integriert worden. Man schläft zwar in historischen Mauern, aber in moderner Einrichtung mit allem Schnick und Schnack. Auf der großzügigen Freiterrasse fühlt man sich geborgen zwischen den hoch aufragenden Türmen. Die große Attraktion von Hohenstein: Sechs Wochen vor den hessischen Sommerferien finden hier die Hohensteiner Burgfestspiele statt – 1992 heißt das Motto »Die drei Musketiere«. Langfristig reservieren ist angesagt: Die Burgherren wollen ganz individuell auf die persönlichen Wünsche ihrer Gäste eingehen und haben deshalb nur sechs Doppelzimmer und zwei Einzelzimmer. Doch keine Angst: Im ebenfalls schloßähnlich eingerichteten Gästehaus sind noch Zimmer frei.
Hotel-Restaurant Burg Hohenstein, 6209 Hohenstein/ Taunus, Tel. 06120/ 3357, Preise: DZ 150 DM Anfahrt: oberhalb von Bad Schwalbach an der B54 links ab.

 F 75 min; Wi 30 min; Fu 150 min; Ka 210 min; Gi 90 min; Da 75 min.

Schloß Hirschhorn
Zimmer mit Aussicht

Die Terrasse sollte man sonntag nachmittags meiden, dann sitzen unter rot-weiß-gestreiften Sonnenschirmen kamerabewaffnete Touristen bei Kaffee, Kuchen und Eis. Doch kaum ist die Invasion vorbei, lohnt sich der Blick über die Brüstung allemal: das altertümliche Städtchen Hirschhorn, die Odenwaldberge, die Neckarschleuse. Aber wer braucht das Panorama, wenn er das Hochzeitszimmer gebucht hat: protzig, schwülstig und vor allem goldig, sogar bei der Tapete. Nach einem frühen Abendessen (leider nur bis 21 Uhr), einem verfrühten Frühstücksbuffet (möglich nur bis 10 Uhr) und einem kleinen Rundgang durch die gut erhaltene mittelalterliche Anlage der mit Bergfried und Schildmauer bewehrten mächtigen Burg kann man sich entweder in eines der acht historischen Schloßzimmer (lieber das »Grüne Zimmer« oder das »Hans von Hirschhorn-Zimmer«) oder in einem der billigeren, weil modern-sachlich eingerichteten Gästezimmer im ehemaligen Marstall zurückziehen. Oder man läßt einfach die Füße über die efeuberankte Mauer baumeln und schaut zu, wie die Sonne im Neckar versinkt.
Schloßhotel Hirschhorn, Tel. 06272/ 2332, Preise: DZ 180 DM, Suite 195 DM, Gästehaus 145 DM. Anfahrt: ab Heidelberg auf der B37 neckaraufwärts.

 F 90 min; Wi 30 min; Fu 150 min; Ka 210 min; Gi 90 min; Da 60 min.

Jagdschloß Niederwald
Wein, Wild und Geschmack

Die Mainzer Erzbischöfe haben es im Jahre 1764 als schlichtes Jagdschloß erbaut. Nach dem Brand wurde der Hauptbau von 1927 bis 1929 vergrößert. Der Englische Park mit seinen architektonischen Spielereien – die Ruine Rossel, ein kleiner Aussichtsturm in Gestalt einer künstlerischen Ruine oder die sogenannte Zauberhöhle, ein Rundbau mit Aussichtsfenster und dunklem Zugang, oder der runde Waldtempel – erfreut heute die Gäste des Hotels Jagdschloß Niederwald, das, umgeben von einem Naturschutzpark, oberhalb von Rüdesheim liegt. Ruhig ist es hier und beschaulich. Tennisspieler sind willkommen und vor allem die Freunde guter Küche: im Restaurant wird Wild und Wildgeflügel stets schußfrisch (!) serviert. Der überdurchschnittlich gut sortierte Weinkeller tut sein übriges. Für eine zweitägige Streßpause in »einer gesegneten Gegend, die ein Gefühl von Wohlfahrt und Behagen erweckt« (Goethe) ist das Jagdschloß bestens gerüstet: Hallenbad, Sauna, Solarium, Tennisplätze. Die Erzbischöfe würden erblassen vor Neid.
Hotel Jagdschloß Niederwald, 6220 Rüdesheim am Rhein, Tel. 06722/ 1004, Preise: DZ 225 bis 265 DM.

 F 90 min; Wi 30 min; Fu 150 min; Ka 180 min; Gi 90 min; Da 60 min.

Schloß Waldeck
Satt und zufrieden

Liebe geht bekanntlich durch den Magen. Ihm wird auf Schloss Waldeck einiges geboten: das »Panorama-Restaurant«, die »Waldecker Wappenstube« und das Gourmetrestaurant »Zur alten Turmuhr«. Und zwischendurch:

die Kaffeeterrassen. Danach empfiehlt sich die romantische Burgschänke im kühlen Burgkeller der mittelalterlichen Anlage. Nach dem Essen sollst du ruh'n: 36 Doppelzimmer und 5 Appartements stehen dem satten Gast zur Verfügung, alle gemütlich und mit modernstem Komfort eingerichtet. Am schönsten sind die Panoramazimmer mit einem unvergleichlichen Blick auf den 120 Meter tiefer gelegenen Edersee und das Waldecker Ferienland. Am idyllischsten ist die Fürstensuite, die auch flitternde Pärchen ohne adeligen Stammbaum benutzen dürfen. Wem ein bißchen Gesellschaft nichts ausmacht, der nimmt an einem Ritterlichen Grillschmaus teil, bei dem Knechte und Mägde zu Musik und Kerzenschein vielerlei »Tafeleyen« auftragen.
Hotel Schloß Waldeck, 3544 Waldeck am Edersee, Tel. 05623/ 5890, Preise: DZ 195 bis 210 DM, Suiten 260 DM.

 F 135 min; Wi 165 min; Fd 105 min; Ks 30 min; Gi 75 min; Da 165 min.

Burg Staufenberg
Wie die alten Rittersleut'

Führwahr ritterlich geht es hier zu: ein Ritterkeller mit offenem Kamin, Ritterrüstungen und Hellebarden. Die Burg Staufenberg, hoch über dem Lahntal zwischen Gießen und Marburg gelegen, besteht eigentlich aus zwei Burgen: der Oberburg, urkundlich bereits 1233 erwähnt, und der Unterburg, von 1860 bis 1862 wieder aufgebaut. Von der Oberburg sind nur noch Ruinen vorhanden. Die spätgotische Unterburg war als Wohnburg gedacht – mit einem runden Treppenturm, Ecktürmchen, Gaupen und Treppengiebeln. Hinter einem wuchtigen Mauerring, umgeben von gepflegten Parkanlagen hat sich das altehrwürdige Burghotel versteckt. 26 Zimmer gibt es (allerdings alle neuzeitlich eingerichtet), einen idyllischen Sommergarten und auch im Burghof kann man es sich unter einem Sonnenschirm gemütlich machen.
Hotel Burg Staufenberg, 6301 Staufenberg, (nördlich von Gießen, Richtung Marburg), Tel. 06406/ 3012, Preise DZ 190 DM.

 F 60 min; Wi 165 min; Fu 105 min; Ka 90 min; Gi 15 min; Da 75 min.

Schloß Spangenberg
Turmhoch überlegen

Hoch über dem mittelalterlichen, gleichnamigen Fachwerkstädtchen zwischen Werra und Fulda thront das bereits 1214 erstmalig erwähnte Schloß Spangenberg. Hier gibt es alles, was der historisch interessierte Romantiker braucht: einen tiefen Burggraben, hohe Aussichtstürme und meterdicke Mauern, einen original-erhaltenen Rittersaal, ein Jagdmuseum, den Schloßkeller und die Brunnenkammer. Die Schloßküche sorgt mit zahlreichen Wildspezialitäten und eigener Konditorei für das leibliche Wohl der Gäste: Spanferkel, Kapaun, Wildente, Rehrücken, Wildschweinpfeffer. Nach dem Essen erst ein bißchen Sport – Reiten, Tennis, Schwimmen – und dann ein bißchen Geschichte: Am Brun-

Weitläufige Barockresidenz: Schloßhotel Weilburg.

nenschacht, an dem es mehr als zehn Sekunden dauert, bis der vom Schloßführer herabgelassene Wassereimer in der Tiefe aufschlägt, sollen zwei Gefangene sieben Jahre lang gehauen haben, um sich freizukaufen. Das besondere Zimmer für romantische Liebespaare ist das Katharinenzimmer – hier ruhen Sie im Himmelbett mit Alkoven und planschen für 200 Mark in einem besonders geräumigen Bad.
Hotel Schloß Spangenberg, 3509 Spangenberg, Tel. 05663/ 866, Preise: DZ 140 bis 200 DM, App. 250 DM.
Anfahrt: Autobahn E45 Frankfurt-Kassel. Abfahrt Melsungen, 8 km hinter Melsungen über die B487 befindet sich Spangenberg wenige Kilometer weiter in Richtung Hessisch-Lichtenau

F 120 min; Wi 150 min; Fu 75 min; Ka 30 min; Gi 90 min; Da 150 min.

Burghotel Trendelburg
Landgräfliche Tafeley

Zum Wandern, Erholen, Feiern, Tagen, Entdecken kultureller Kleinode, aber auch einfach für ein bezauberndes Wochenende bietet sich das Burghotel Trendelburg am Reinhardswald an. Den Alltag gründlich vergessen in einer mittelalterlichen Burg, in historisch eingerichteten Gemächern und bei einer »Landgräflichen Tafeley«. Für Verliebte besonders zu empfehlen ist das Romantische Wochenende – »Geheimnisvollen Dingen auf der Spur, ein 3-Tages-Ausflug in die Vergangenheit«. Sie werden herzlich willkommen geheißen, traditionell mit einem Trunk, dann wartet ein festliches Schloßmenü auf Sie. Nach dem Frühstück am Samstagmorgen steht eine kleine Wanderung zu den sagenumwobenen Trendelburger »Wolkenbrüchen« auf dem Plan. Am »Nassen Wolkenbruch« wird Ihnen nach ritterlicher Jagdart ein Imbiß kredenzt – mit Blick auf einen See in der Tiefe der Schlucht. Und später noch das große Lands-knecht-Mahl, auf Wunsch mit einem kulturhistorischen oder einem musikalischen Programm. Wenn Ihnen das noch nicht reicht, können Sie sich zwischendurch auch trauen lassen – in der zauberhaften Umgebung des so sagenumwobenen wie märchen-haften Reinhardwaldes auf dem Standesamt der Burg die Ehe zu schließen, das würde wohl unvergeßlich sein und bleiben.
3526 Trendelburg, nördlich von Kassel, Telefon: 05675/1021-22, Preise: DZ 120-180 DM, App. 200 DM, Gästehaus DZ 80-90 DM.

F 150 min; Wi 105 min; Fu 105 min; Ka 30 min; Gi 120 min; Da 180 min.

Die 10 Reichsten
Wer hat was in Hessen

1. Familie Merck, E. Merck OHG, Pharma – 3950 Mio. DM
2. Susanne Quandt, BMW AG/Altana AG, Fahrzeugbau – 2330 Mio. DM
3. Stefan Quandt, BMW AG/Delton AG, Beteiligungen – 2020 Mio. DM
4. Familie Rothenberger, Rothenberger Werkzeuge AG – 1400 Mio. DM
5. Familie Ströher, Wella AG, Konsumgüter – 1770 Mio. DM
6. Familie Heraeus, Heraeus Holding GmbH, Medizintechnik – 1300 Mio. DM
7. Johanna Quandt, BMW AG, Fahrzeugbau – 1220 Mio. DM
8. Familie Braun, B.Braun Melsungen AG, Medizintechnik – 910 Mio. DM
9. Familie Messer, Messer Griesheim GmbH, Chemie – 780 Mio. DM
10. Familie Schindling-Rheinberger, VDO A.Schindling AG, Auto-zulieferer – 760 Mio. DM

Quelle: »!Forbes«, Mai/Juni '91

Die besten Restaurants

von Birgit Hamm (Text) und
Ullrich Knapp (Fotos)

Die 10 besten Restaurants

1 **Kronenschlößchen**
Keller's Küche ist kernig

2 **Humperdinck**
Sternenpracht in Bleu, Gold, Crème

3 **Restaurant Hessler**
Hier cheft die Köchin

4 **Orangerie**
Geh'n wir mal rüber zu Schmitt

5 **Landhaus Baur**
Blütengeschmückte Salate

6 **Krone**
Der leckere Prinz des Rheingaus

7 **Graues Haus**
Außen alt und innen neu

8 **Landhaus Waitz**
Gutes von Bürgern für Bürger

9 **Landhaus Meister**
Zweigeteiltes Eßvergnügen

10 **Anneröder Mühlchen**
Die Mischung macht's -

Die meisten Gourmets leben in der Stadt, die meisten Michelin-besternten und Varta-bekochmützten Restaurants findet man auf dem Land. Warum? Weil echte Gourmandise auch landschaftlich ein Genuß sein will.

Kronenschlößchen

Keller's Küche ist kernig

Der Rheingau, schon seit langem ein guter Nährboden für begabte Küchen- und Kellermeister, ist seit einem knappen Jahr um eine Attraktion reicher: Im Hattenheimer Kronenschlößchen kocht der bekannte Franz Keller jun. Der umtriebige Gastronom und passionierte Motorradfahrer mit dem unvergleichlichen, wilden Charme Marke »kerniger Naturbursche mit Herz und Hirn« war vor Jahren mit »Keller's Tomate« in Köln einer der ersten, die gehobene Küche zu vernünftigen Preisen und in lockerem Ambiente anboten.

Der Erfolg war durchschlagend. Aber der Keller jun. ist ruhelos genug, immer wieder neue Ideen in die Tat umzusetzen – nun also Hattenheim. Bocuse- und Guérard-Schüler Keller und seine Küche heben sich wohltuend von den überkandidelten Creationen mancher selbsternannter Herdartisten ab. Man kann in drei verschiedenen Räumlichkeiten genießen: im eleganten Restaurant und im etwas legereren Bistro, jeweils mit eigener Terrasse – beispielsweise Artischockensalat mit gebratener Gänseleber in Trüffelvinaigrette, eine geeiste Entenkraftbrühe mit der Leber oder (ab 2 Personen) die im ganzen gebratene, getrüffelte Maispoularde mit Sauce Périgord. Im Bistro: Ge-

Freundlich und begabt: Harald Schmitts Orangerie in Wiesbaden

kochten Prager Schinken mit Kartoffelsalat, Gegrillten Lachs in Balsamicosauce und Maispoularde mit Ratatouillegemüse. Die Karte variiert aber. Auf der umfangreichen Weinkarte überwiegen natürlich die Rheingauer, aber auch französische und andere Spitzengewächse fehlen nicht. In der neu eröffneten Schänke werden deftige Speisen zum Bier angeboten.
Hattenheim im Rheingau, Rheinallee Tel. 06723/ 3013,
geöffnet täglich ab 12 Uhr und ab 19 Uhr
Anfahrt: direkt an der B 42, 15 km westlich von Wiesbaden.

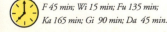 F 45 min; Wi 15 min; Fu 135 min; Ka 165 min; Gi 90 min; Da 45 min.

Humperdinck

Sternenpracht in Bleu, Gold, Crème

Eine wunderschöne Villa im Frankfurter Westend – hier wohnte und komponierte einst Engelbert Humperdinck. Draußen ein Spalier von schmiedeeisernen Bögen, drinnen ein Speise-Salon ganz in Bleu, Gold und Altweiß gehalten, im Hintergrund klassische Musik und im Guide Michelin ein Stern. Was Küchenchef Willi Tetz hier mit leichter Hand auf den Teller bringt, grenzt zeitweise an Zauberei. Ausgefallene Schlemmereien gehören zur Tagesordnung – wie der nicht nur von prominenten Umweltpolitikern gerne bestellte »Whopper«, der freilich nur auf Anfrage zu haben ist und selbstverständlich viel edler als sein »bürgerlicher« Namensvetter: Filet-Tatar auf einem knusprigen Reibeküchlein, gekrönt von einer ordentlichen Portion glitzerndem Kaviar und einem duftigen Häubchen Crème Fraîche. Von diesem »Special« abgesehen, bietet man im Humperdinck eher die klassische Küche, zum Beispiel einen Salat mit Wachteln und Gänsestopfleber, Lauwarmen Kalbskopf mit Vinaigrette, Lachs mit Morcheln, eine klassische Bouillabaisse oder zarten Lammrücken. Von den Desserts sollte man unbedingt die abgeflämmte Limonencreme probieren – einfach himmlisch. Die Karte variiert circa alle 14 Tage – ein 6-Gänge-Menü kostet um 130 Mark. Bei der Weinauswahl kann man sich getrost auf die fachkundige Beratung des Servicechefs Edmund Teusch verlassen.
Frankfurt, Grüneburgweg 95, Tel.: 069/ 722122, geöffnet: Mo-Fr 12-14 Uhr u. ab 19 Uhr, Sa ab 19 Uhr, So Ruhetag
Anfahrt: Über die Autobahnabfahrt Eschersheim stadteinwärts. Der Grüneburgweg kreuzt die Eschersheimer Landstraße nach ca. 2 km.

 Wi 30 min; Fu 90 min; Ka 120 min; Gi 45 min; Da 30 min.

Restaurant Hessler
Hier cheft die Köchin

Vor einigen Jahren noch von der fast ausschließlichen Männerriege der Gastronomie-Kritiker mit dieser gewissen mild-nachsichtigen Überheblichkeit beurteilt, die man einer kochenden Frau zuteil werden läßt, hat sich Doris Katharina Hessler mittlerweile zu einer unangefochtenen Größe in der gehobenen Gastronomie entwickelt. Ihre damals so revolutionär anmutende Symbiose von Vollwertkost und Edelküche führt auch heute noch zu undogmatischen Creationen von erstklassiger Qualität. Lassen Sie sich überraschen vom viergängigen Menü Surprise, das ein wunderbarer Einstieg in die spannende Küche von Frau Hessler ist. Oder wählen Sie aus dem umfangreichen à la carte-Angebot; vielleicht den »Bretonischen Hummer und Zandermousse im Mangoldblatt mit rosa Ingwersauce«. Das fünfgängige Degustationsmenü zu 128 Mark ist ab zwei Personen zu haben. Zusammen mit der fachkundigen Beratung des gewieften Weinfachmannes und Hausherrn Ludwig Hessler wird ein Abend im – vor kurzem völlig renovierten – Restaurant zum unvergeßlichen Erlebnis.
Maintal-Dörnigheim, Am Bootshafen 4, Tel. 06181/ 492951, geöffnet: Di-Sa 12-14 Uhr und ab 19 Uhr, So/Mo Ruhetage
Anfahrt: Ab Hanau-Stadtmitte südwestlich: Dörnigheim und Hessler liegen direkt untzerhaqlb von Hanau am Mainufer.

F 30 min; Wi 60 min; Fu 90 min; Ka 150 min; Gi 75 min; Da 60 min.

Orangerie
Geh'n wir mal rüber zu Schmitt

In Hessens Landeshauptstadt reihen sich die feinen Restaurants wie Perlen an einer Schnur. Die Orangerie ist eine besondere Empfehlung, seit der junge und begabte Harald Schmitt den Kochlöffel schwingt. Er hat den Trampelpfad internationaler Hotelküche verlassen und macht – so einfach und doch so gut – Neue deutsche Küche mit frischen Waren und mit eindeutig regionalem Einschlag (badisch und hessisch). Ob man drinnen im lichtdurchfluteten Pavillon sitzt oder draußen auf der sonnenschirmbedachten Terrasse den Blick auf Wiesbadens Prachtstraße und das gegenüberliegende Kurhaus genießt – stets wird man freundlich umsorgt, und immer wird hier eine Küche geboten, die Herz und Gaumen erfreut. Ob Spanferkelsülze in Tomatenvinaigrette mit Portulaksalat, Zander nach badischer Art mit hausgemachten Nudeln oder Crépinette vom Lamm mit Schnippelbohnen und Schupfnudeln – alles Gerichte, die fein und perfekt zubereitet sind, wie es besser nicht sein könnte. Probieren Sie dazu einen der auch glasweise angebotenen Rheingauer Weine, als Digestif den vorzüglichen Weinhefebranntwein des Weinguts Kessler.
Im Hotel Nassauer Hof, 6200 Wiesbaden, Kaiser-Friedrich-Platz 3-4, Tel. 0611/ 1330, geöffnet: täglich 12-14 Uhr und ab 18 Uhr, (ab 22 Uhr kleine Karte).
Anfahrt: Innenstadt, den Schildern »Kurhaus« und »Staatstheater« folgen.

F 30 min; Fu 120 min; Ka 150 min; Gi 45 min; Da 30 min.

Landhaus Baur
Blütengeschmückte Salate

Es steht ein Haus in Fischbachtal... Ein Restaurant (mit angeschlossenem kleinen Hotel), mitten im Grünen, ein malerisches Fleckchen Odenwald – und doch kein Ausflugslokal, sondern seit Jahren ein Hort beständig hoher Küchenleistung und familiärer Wohlfühlatmosphäre. Hier sind Sie richtig, wenn Sie mal so richtig abschalten wollen. Verläßlich ist die Kunst des in der Küche des Landhauses wirkenden Albert Baur:

Eine Wohltat: Landhaus Baur in Fischbachtal

Wie aus einem Dornröschenschloß erwacht: die Krone in Assmannshausen

prachtvolle, blütengeschmückte und unglaublich nuanciert abgeschmeckte Salate und akribisch zubereitete Fisch- und Fleischgerichte, die Gaumen und Auge gleichermaßen erfreuen. Eine relativ kleine, aber ausgesuchte Weinkarte bietet für jeden Geschmack das Richtige. Der Service ist meist auf liebenswerte und persönliche Weise um das Wohl der Gäste besorgt, so daß ein Aufenthalt im Landhaus Baur eine Wohltat für Leib und Seele ist. Hervorragend läßt sich der Aufenthalt mit langen und ausgedehnten Spaziergängen durch das romantische Fischbachtal kombinieren.
Fischbachtal im Odenwald (Stadtteil Lichtenberg), Lippmannweg 15, Tel. 06166/ 8313, geöffnet Di ab 18.30 Uhr, Mi-So 12-13.30 und ab 18.30 Uhr, Küche bis 21 Uhr, Mo: Ruhetag.
Anfahrt: von Darmstadt aus südöstlich nach Ober-Ramstadt, rechts auf die B 38, 3 km bis Groß-Bieberau, rechts ab und weitere 3 km bis nach Lichtenberg.

F 60 min; Wi 60 min; Fd 135 min; Ks 180 min; Gi 105 min; Da 60 min

Krone
Der leckere Prinz des Rheingaus

Die Krone ist wohl einer der bekanntesten Gasthöfe im Rheingau. Nachdem er lange Zeit in einer Art Dornröschenschlaf lag, hat man vor einigen Jahren behutsam »zurückrenoviert«, schönstes Beispiel ist der wiederhergestellte Künstlersaal mit seinen Jugendstilpaneelen. Wunderbar sitzt man auf der Terrasse, von Windlichtern in milden Glanz getaucht und wohlbeschirmt von einem »Dach« aus alten Glyzinien. Und harret, vielleicht bei einem Glas hauseigenem Sekt, genannt »Roter Schäumender«, der Köstlichkeiten, die Küchenchef Herbert Pucher bereithält: Meeresfrüchte in Rieslinggelee mit Kräutersauce, Entenleberparfait mit Portweingelee und Apfelsalat oder Gefüllte Perlhuhnbrust auf Morchelsauce mit Blattspinat und Römischen Nocken. Selbst wenn das Essen nur halb so gut wäre wie es tatsächlich ist, würde man allein wegen der Atmosphäre einen unvergeßlichen Abend verleben können. Dank Herrn Pucher und seinem Team verbinden sich Küche und Ambiente zu einem überaus geglückten Gesamterlebnis. Besonders hervorzuheben ist die umfangreiche Weinkarte – die Krone ist schließlich eines der berühmtesten Rheingauer Weingüter.
6220 Rüdesheim-Assmannshausen, Rheinuferstraße 10, Tel. 06722/ 4030, geöffnet täglich 12-14.30 Uhr und ab 18 Uhr (ab 21.30 nur noch kleine Speisen)
Anfahrt: über die B 42 rechtsrheinisch, 5 km westlich von Rüdesheim am Rheinufer.

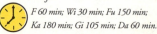
F 60 min; Wi 30 min; Fu 150 min; Ka 180 min; Gi 105 min; Da 60 min.

Graues Haus
Außen alt und innen neu

Über das genaue Erbauungsdatum des Grauen Hauses streiten sich die Gelehrten, eins ist jedoch sicher: Es stammt aus dem 9. bis 12. Jahrhundert und ist – hier wird's nun wieder etwas vage – wahrscheinlich das älteste Steinhaus Deutschlands. Das Innere des Hauses brannte in den sechziger Jahren völlig aus und wurde vor einem Jahrzehnt wieder neu errichtet. Hier speist man in elegantem Rahmen auf mehreren Ebenen. Eine besondere Attraktion ist der große Sommergarten. Im Grauen Haus wird eine regional angehauchte, kreative Frischeküche gepflegt. Ob Zickleinbraten, Fisch, oder Geflügel – die Küche hat Spitzenformat. Besonders hervorzuheben sind die großzügigen, perfekt gegarten Gemüseportionen.
Oestrich-Winkel im Rheingau, Graue Gasse 10, Tel. 06723/ 2619, geöffnet: Mi-So 12-14 Uhr und 18-24 Uhr, Mo/Di Ruhetage. Anfahrt: nördlich der B 42 rechtsrheinisch, westlich von Wiesbaden über Erbach und Hattersheim in der Ortsmitte.

 F 45 min; Wi 30 min; Fu 135 min; Ka 165 min; Gi 90 min; Da 45 min.

Landhaus Waitz
Gutes von Bürgern für Bürger

Sauber, sauber. Bürgerlich par excellence, aber bitte mit dem gewissen Etwas. Will heißen: Im Landhaus Waitz wird die sehr gehobene gutbürgerliche Küche gehegt und gepflegt. Und gepflegt wird hier nicht nur gespeist, gepflegt ist auch der Rasen, auf dem sommers die weißgedeckten Tische stehen. Winters wird es drinnen etwas rustikaler, und immer hat man das gute Gefühl: Hier ist alles in Ordnung, das Preis-Leistungsverhältnis stimmt, die Küche ist wahrscheinlich genauso sauber wie der Gastraum. Im Ernst: An der Qualität der Speisen kann sich so manches städtische Edelrestaurant eine Scheibe abschneiden. Ob Cremesüppchen oder Perlhuhnbrühe mit Wachtelei, Gänseleber auf Salat oder Rinderfilet, Maisgaletten oder Maronenkugeln: alles ist hier ehrlich gut. Unaufdringlicher, gut geschulter Service (»Dieser Betrieb bildet aus«) sorgt »am Gast« ebenso für gutes Gelingen, wie die flinke Küchenbrigade »hinter den Kulissen«. Dort wird gezaubert. Hier wird gespeist – mit dem reinsten Vergnügen.
6052 Mühlheim-Lämmerspiel, Bischof-Kettelerstraße 26, Tel. 06108/ 6060, geöffnet 8-12 Uhr und 18-24 Uhr, Sonntag Ruhetag Anfahrt: 9 km südlich von Hanau an der B 45a nach Dieburg. Hinter Lämmerspiel rechts ab durch den Wald.

 F 30 min; Wi 45 min; Fu 90 min; Ka 150 min; Gi 75 min; Da 45 min.

Die Küche hat Spitzenformat: das Graue Haus, ältestes Steinhaus in Deutschland

Landhaus Meister
Zweigeteiltes Eßvergnügen

Ob Sie sich nun für die »Silberdistel«, oder für die »Landhausstube« entscheiden, hängt von Ihren persönlichen Vorlieben ab. Gute Küche gibt es im Landhaus Meister in beiden Galerieräumen. Allerdings mit unterschiedlichen Schwerpunkten. Im Sommer sitzt man gut auf der Terrasse oder im Garten. Der neue Küchenchef Thorsten Israel hält die Landhaus-Küche weiter auf hohem Niveau, bringt jedoch auch verstärkt Deftiges auf den Teller, was auch unbedingt zu Nordhessen paßt: wie Schmandheringe oder ein heißes Wolfsanger Kartoffelsüppchen mit feinen Kräutern. Die feinere Küche genießt man in der »Silberdistel«, so zum Beispiel Galantine von der Nantaiser Ente mit ihrer Leber, frischer Löwenzahnsalat und Wachtelei, Hummerravioli auf Kaviarschaum mit grünem Spargel und Medaillons vom Rehbock mit Trüffelsauce und glaciertem Chicorée. Es werden auch zwei Menüs (zu 56 oder 95 Mark) angeboten. Insgesamt eine frische, marktorientierte und leichte Küche, wie man sie insbesondere im Norden Hessens immer noch recht selten findet.
3500 Kassel, Fuldatalstraße 140, Tel. 0561/ 9879987, geöffnet 11-14 Uhr und 18-23 Uhr, So + Mo Ruhetag. Betriebsferien: 1.-14. Januar und die ersten beiden Wochen der hessischen Sommerferien Anfahrt: Abfahrt Kassel-Ost, links abbiegen in die Dresdner Straße, Richtung Stadtmitte, vor der 3. Ampel rechts in die Scharnhorststraße über die Hafenbrücke, 3. Ampel rechts in die Weserstraße, rechts in die Fuldatalstraße, rechts an der BP vorbei und noch 2 km.

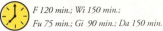 *F 120 min; Wi 150 min; Fu 75 min; Gi 90 min; Da 150 min.*

Anneröder Mühlchen
Die Mischung macht's

Schon in den zwanziger Jahren wanderte von Gießen aus Alt und Jung über den »Butterweg«, auf dem die Anneröder Bauern ihre Waren zum Gießener Markt brachten, zum Anneröder Mühlchen, wo man unter schattigen Bäumen einen Handkäs' mit Musik, oder einen frischgebackenen Ribbelkuche (Streuselkuchen) essen konnte. Geblieben ist die wundervolle Lage mitten im Grünen, sowie die hessischen Spezialitäten – erweitert um ausgewählte Gerichte aus der »Neuen Deutschen Küche«. Das Anneröder Mühlchen ist heute eine gelungene Mischung aus Gourmetrestaurant und Gartenwirtschaft. Spezielle Aktionswochen werden mehrmals im Jahr durchgeführt: »Aus deutschen Wäldern und Seen« gibt es Wildschweinrücken im Speckmantel unter der Pfifferlingskruste mit Brombeersauce, Mandelbroccoli und Grießschnitten. Unter dem Motto »Die sieben Weltmeere laden ein«, speist man beispielsweise Bordemar auf scharfer Limetten-Tomaten-Sauce. Aber auch ohne Aktionswochen läßt sich hier gut essen: Hummer, frisch aus dem Bassin, Entenbrust mit Orangen-Pfeffersauce oder gegrilltes Rinderfilet auf Rote-Bete-Meerrettischschaum mit glacierten Gemüsen und Macairekartoffeln. Zum Dessert noch ein paar frische Früchte im Mandelkörbchen mit Sektschaum und Vanilleeis – so findet ein vergnüglicher Schlemmerabend seinen wohlverdienten Abschluß.
6301 Fernwald-Annerod, Tiefenweg 61, Tel. 0641/ 44763, Di-Sa 11-24 Uhr, So 11-22 Uhr, Mo: Ruhetag Anfahrt: Autobahnring Gießen, Abfahrt Licher Straße, Richtung Reiskirchen. Nach 3 km rechts nach Annerod.

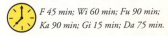 *F 45 min; Wi 60 min; Fu 90 min; Ka 90 min; Gi 15 min; Da 75 min.*

Landgasthöfe

In romantischer Umgebung urig essen und trinken. Nach einem Spaziergang zauberhaft einkehren. Und hessische Spezialitäten dort genießen, wo sie auch herkommen: in Landgasthöfen, die allemal einen Ausflug wert sind.

von Birgit Hamm (Text) und Ullrich Knapp (Fotos)

Die 10 romantischsten Landgasthöfe

1. **Hof Bechtermünz** Ein Stück Mittelalter
2. **Blauer Aff'** Der blaue Auerbacher
3. **Parkhotel Herrenhaus im Fürstenlager** Südliches Flair
4. **Weingut Paul Laquai** – klein aber und besonders fern
5. **Zur Deutschen Eiche** Tradition und Moderne
6. **Rote Mühle** Das Wirtshaus im Walde
7. **Zum Rebstock** Kochkäs' und Ebbelwoi
8. **Restaurant Lenz** Kandinski im Bauernhaus
9. **Schmelzmühle** Sommerfrische im romantischen Tal
10. **Gut Neuhof** Idylle in Hülle und Fülle

Hof Bechtermünz
Ein Stück Mittelalter

Auf den Spuren des Rheingauer Riesling-Pfades trifft man in Eltville auf Hof Bechtermünz, der nicht nur wegen des herrlichen, rosenumrankten Gartens eine Reise wert ist, sondern auch für historisch Interessierte einiges zu bieten hat: 1420 erbaut, beherbergte er einst eine der ältesten Druckstätten der Welt. Hier wohnte vor gut 500 Jahren Johannes Gutenberg, der Erfinder der Buchdruckkunst – auf hessischer, nicht auf Mainzer Seite. Bei Familie Koegler, in deren Besitz der Hof heute ist, weht durch die jahrhundertealten Weinstuben noch immer mittelalterlicher Charme. Die Weine reifen auch heute noch in alten Eichenfässern. Schon am Nachmittag kann man im Garten wunderbar in der Sonne dösen und sich ein paar Schoppen des guten Rheingauer Rieslings genehmigen. Probieren Sie den »Eltviller Taubenberg« oder das »Eltviller Langenstück«. Dazu empfiehlt sich ein herzhafter Imbiß, ganz besonders jedoch der unschlagbare »Schlemmer-Handkäse mit Musik«. Ab 10 Personen werden auf Vorbestellung auch Weinproben organisiert – Hof Bechtermünz ist Gutsausschank des Weinguts Koegler.

Eltville im Rheingau, Kirchgasse 5, Tel. 06123/ 2437, geöffnet Mo-Fr ab 15 Uhr, Sa + So ab 12 Uhr. Anfahrt: Von Wiesbaden die A 66 Richtung Eltville bis zu ihrem Ende. Von der folgenden Kraftfahrzeugstraße die dritte Abfahrt Eltville Erbach nehmen. Hinter der Kurve links. Am Ortseingang von der Rheingauer Straße die 4. Straße rechts in die Kirchgasse.

 F 45 min; Wi 15 min; Fu 135 min; Ka 165 min; Gi 90 min; Da 45 min.

Blauer Aff'
Der blaue Auerbacher

Die einen sagen, der Name kommt vom blauen Außenanstrich des Hauses, die anderen schreiben ihn der umwerfenden Wirkung der dort ausgeschenkten Weine zu. Wie dem auch sei – eins steht jedenfalls fest: Im Blauen Aff' sitzt sich's gar trefflich. Im Sommer lockt der lauschige Innenhof mit seinen hübschen blau-weißen Sonnenschirmen, bunten Glühbirnen und den so schön altmodisch be-

Seltene Bergsträßer Weine und Odenwälder Spezialitäten: der Blaue Aff' in Bensheim-Auerbach.

druckten Wachstüchern auf den Tischen. Gleich nebenan hat eine ehemalige Scheuer ihren Dienst als rustikale Gaststube aufgenommen. Im Laufe eines langen Abends kann man sich hier durch die Bergsträßer Weine durchprobieren – vom knochentrockenen »Heppenheimer Stemmler« bis zum »Auerbacher Rott«. Die Bergsträßer Weine sind allesamt von feiner, fruchtiger Säure, und da es nicht so viel davon gibt, werden sie fast nur im Anbaugebiet getrunken. Der Blaue Aff' wird von jungen Leuten bewirtschaftet, was sich in der Speisekarte bemerkbar macht. Zucchinipuffer mit Putenbrust und Salat, putzige kleine Strauchtomaten mit Mozzarella und Basilikum, Lammlende mit roten Linsen – junge Küche eben, gut und mit Pfiff. So mancher Stammgast kommt allerdings hauptsächlich wegen der knusprigen halben Hähnchen. Die sind tatsächlich super. Probatum est!
6140 Bensheim-Auerbach, Kappengasse 2, Tel. 06251/ 72958, geöffnet Di-So ab 17 Uhr, Mo Ruhetag

Anfahrt: Die A 5 Richtung Basel, Abfahrt Bensheim, Richtung Auerbach. Der Blaue Aff' liegt in der Ortsmitte.

 F 45 min; Wi 45 min; Fu 135 min; Ka 165 min; Gi 90 min; Da 30 min.

Parkhotel Herrenhaus im Fürstenlager

Südliches Flair

Etwas oberhalb von Bensheim-Auerbach liegt es, eingebettet in eine wunderschöne Parklandschaft. Nachdem dort 1738 eine Mineralquelle entdeckt wurde, ließ das Fürstenhaus »Hessen Darmstadt und bei Rhein« sich zur Erholung und Erbauung nieder. Damit sich auch schön lustwandeln ließ, wurde im herrschaftlichen Park eine ganze Reihe von Bäumen und Sträuchern gepflanzt – am bekanntesten ist der älteste Mammutbaum Europas. Das Herrenhaus war Sitz der fürstlichen Familie. Daran schlossen sich entlang der Allee Prinzenbau, Damenbau, Wache, Meierei u.a. an. Heute beherbergt das Herrenhaus ein ganz in Biedermeier-Interieur gehaltenes Hotel mit rustikal-elegantem Restaurant und großer Sommerterrasse. Die Betreiberfamilie Patzelt ist mit Leib und Seele dabei, wenn es um das Wohl der Gäste geht: Adolf Patzelt, ein großer Weinkenner, hegt und pflegt im Keller um die 10.000 Flaschen, darunter ausgesuchte Raritäten. Auf Anfrage veranstaltet er auch kulinarische Weinproben, gerne kombiniert mit Dichterlesungen, klassischer Musik, oder auch mal Jazz. Seine Frau Helmi wirkt in der Küche, die Gehoben-Gutbürgerliches wie Rehrücken mit Morchelrahm, hausgemachte Wildschweinpastete oder Kalbsrücken mit Portweinsauce anbietet.
6140 Bensheim 3 (Auerbach), Tel. 06251/ 72274, geöffnet täglich 12-14.30 Uhr, abends nur nach voriger Anmeldung
Anfahrt: Die A 5 Richtung Basel, Abfahrt Bensheim Richtung Auerbach. In Auerbach die Bachgasse entlang der braunen Schilder »Fürstenlager« fahren, die in einen Waldweg mündet. Hinter der ersten Schranke folgt ein Parkpatz, von hier ca. 200 Meter zu Fuß.

 F 45 min; Wi 45min; Fu 135 min; Ka 165 min; Gi 90 min; Da 30 min.

Weingut Paul Laquai

Klein und besonders fein

Haarscharf an der Grenze Hessens zu Rheinland-Pfalz liegt Lorch am Rhein. Touristen auf Rheingau-Tour verschlägt es in den seltensten Fällen hierher, die meisten bleiben spätestens bei Assmannshausen hängen. So hat Lorch und das angrenzende idyllische Wispertal sich seinen ursprünglichen Charakter bewahrt. Der kulinarische Wanderer auf der Suche nach dem Besonderen, Unverfälschten, kehre in der Straußwirtschaft des Weingutes Paul Laquai ein. Bei schönem Wetter sitzt man im kleinen Höfchen vorm Haus

Eine Reise in die Vergangenheit: der Hof Bechtermünz in Eltville.

mit Winzern und Nachbarn beisammen, plaudert und trinkt die vorzüglichen hauseigenen Weine. Für eine gute Unterlage sorgen die deftige Hausmacher Wurstplatte und andere regionale Spezialitäten. Besonders zu empfehlen sind die geräucherten Forellenfilets aus dem nahegelegenen Zuchtteich von Gabi Flach – und wer Glück hat, trifft die Flachs bei Laquai, wenn sie gerade ihren Fang vorbeibringen und man in den Genuß frisch geräucherter, noch ofenwarmer Forellen kommt. Im Weingut Laquai, einem alteingesessenen Familienbetrieb wird zu 90% Riesling produziert, der auf natürlich gedüngten Böden wächst; auf den Einsatz von Insektiziden verzichtet man völlig. Dem Weingut angeschlossen ist eine Sektkellerei und eine Brennerei, in der ein guter Weinhefebranntwein hergestellt wird. Schmeckt gut zur kräftigen Winzerplatte und wird in goldigen, winzigkleinen Römergläsern serviert.
*Lorch im Rheingau, Schwalbacher Straße 20, Tel. 06726/ 9439, Straußwirtschaft geöffnet von Juni bis Oktober ab 16 Uhr, So ab 14 Uhr, Mo/Di Ruhetage
Anfahrt: Von Wiesbaden über die B 260 oder die B 42 am Rhein nach Lorch. Weingut in einem Fachwerkhaus in der Ortsmitte.*

🕐 *F 105 min; Wi 45 min; Fu 165 min; Ka 195 min; Gi 105 min; Da 75 min.*

Zur Deutschen Eiche
Tradition und Moderne

Schon seit 1829 existiert das blumengeschmückte Fachwerkhaus in Grebenstein bei Kassel, und fast genauso lange dient es schon als Gasthof. Das beliebte Ausflugsziel mit Sommergarten blickt auf eine traditionsreiche Vergangenheit zurück. Hans-Wilhelm Israel, der 1951 den Gasthof seiner Eltern übernommen hat, pflegt diese Tradition mit Spezialitäten aus Nordhessen, etwa mit hessischem Schmandmus mit Zimtpflaumen. Das Angebot an Wild kommt aus dem nahe gelegenen Reinhardswald. Auf die Einwanderung der Hugenotten deutet der »Welsche Hahn«, heutzutage besser bekannt als Truthahn, der Speisekarte und Teller ziert. Hier kocht die Wirtin selbst. Neben regionalen Gerichten gibt es auch Spezialitäten aus der Vollwertküche sowie gutbürgerliche Speisen und feine, leichte Sachen wie Gebeizter Lachs mit Tannenhonigdressing an Kartoffelpfannkuchen. Die gepflegte Weinkarte wird auch Kenner überzeugen – unter anderem mit diversen Erzeugerabfüllungen des bekannten Weingutes Franz Keller in Oberbergen.
*3523 Grebenstein bei Kassel, Untere Schnurstraße 3-5, Tel.: 05674/ 246, geöffnet 14 Uhr und 17-24 Uhr, Mi Ruhetag
Anfahrt: Von Kassel nördlich die B 83 Richtung Grebenstein, Grebenstein Mitte ab, vor der Ampel rechts abbiegen, dann gleich links.*

🕐 *F 150 min; Wi 180 min; Fu 105 min; Ka 30 min; Gi 120 min; Da 160 min.*

Rote Mühle
Das Wirtshaus im Walde

Im sanfthügeligen Liederbachtal, zwischen Kelkheim und Königstein, liegt mitten im Wald die Rote Mühle. Hier kehren müde Wandersleut' und frischlufthungrige Großstädter ein, um sich an bodenständigen Speisen und Getränken zu erfreuen. Innen ist die Rote Mühle zünftig eingerichtet und erinnert etwas an eine Berghütte. Am schönsten ist es, im Sommer draußen unter schattenspendenden Bäumen zu sitzen und die gute Waldluft zu atmen. Der Apfelwein ist selbstgekeltert und hat ein entsprechend urwüchsiges Bouquet. Zu essen gibt es Handkäs' mit Musik, Rippche mit Kraut und andere kräftige Sachen. Außerdem eine große Auswahl an selbstgebackenen Blechkuchen – einfach, aber überzeugend; besonders der Apfelstreusel. Wer mit dem Auto kommt, parkt am besten oben an der B 8 und macht wenigstens den kleinen Fußmarsch hinunter zur Mühle.
*Tel. 06174/ 3793, geöffnet Mi-Sa 12-22 Uhr, So 12-18 Uhr, Mo/Di Ruhetag. Im Sommer richtet sich die Polizeistunde nach Wetter und Anzahl der Gäste.
Anfahrt: Bad Soden im Taunus, am Ende der B 8, Ausfahrt Königstein gegenüber die Einmündung B 519*

🕐 *F 30 min; Wi 30 min; Fd 120 min; Ks 120 min; Gi 45 min; Da 45 min.*

Zum Rebstock
Kochkäs' und Ebbelwoi

Dort wo sich Fuchs und Hase gute Nacht sagen, am Rande des Dörfchens Steinbach im Odenwald, steht das Gasthaus »Zum Rebstock«. Anders als der Name sagt, ist vom Rebensaft hier nicht die Rede. Die Spezialität der Familie Fleischmann ist zweifelsohne hausgemachter Apfelwein, aus Äpfeln von der hauseigenen Obstplantage. Sicher, man kann hier auch einen der trockenen Bergsträßer Weine trinken – aber zum Kochkäs', der hier mit oder ohne Musik angeboten wird, paßt nun mal am besten ein erfrischender Ebbelwoi. Wie jener Kochkäs' hergestellt wird, bleibt das wohlgehütete Geheimnis der Familie Fleischmann. Wurst und Schinken kommt ebenfalls aus eigener Produktion, das leckere Bauernbrot dazu ist – wie könnte es anders sein – selbstgebacken. Besonders gut schmeckt all das im Sommer an knorrigen Holztischen. Bei weniger schönem Wetter sitzt man in den gemütlichen Gasträumen.
6149 Fürth-Steinbach im Odenwald, Anfahrt: von Fürth Richtung Steinbach, dort die Hauptstraße ganz durchfahren, auf der linken Seite, fast am Ortsende. Tel. 06253/ 3287, geöffnet Mo-Fr ab 16 Uhr, am Wochenende ab mittags, Do Ruhetag.

🕐 *F 75 min; Wi 75 min; Fu 135 min; Ka 180 min; Gi 105 min; Da 30 min.*

Restaurant Lenz
Kandinski im Bauernhaus

Im Dörfchen Selters bei Ortenberg betreiben Rosi und Werner Lenz ein traditionsreiches Restaurant. Früher gab es hier deftig-kräftige Speisen, vor allem viel Fleisch

– kein Wunder: Die Dorfmetzgerei gehörte zum Haus. Das ist zwar auch heute noch so, aber seit die Tochter des Hauses hier waltet, weht ein junger, frischer Hauch durch Küche und Gaststube. Wer sein Schnitzel essen möchte oder seine Portion Hausmacherwurst kann das durchaus mit Lust tun, denn die deftigen Speisen sind lecker wie eh und je. Den Schwerpunkt der Speisekarte bilden jedoch Vollwertgerichte. Hier wird der Gast »genudelt« mit hausgemachten Spätzle mit Broccoli, Champignons und Sahnesößchen (18,50 Mark). Wer die Gebackenen Auberginenscheiben auf Mangold mit Sahnesauce und Dinkelblini (19,80 Mark) probiert hat, wird in diesen Köstlichkeiten aber sicher kein Fleisch vermissen – es würde sogar stören. Die Portionen sind groß, die Inhaber jung und freundlich. Das Interieur schwebt zwischen rustikal-gemütlich bis modern-verspielt – viel Tischschmuck und an den Wänden Picasso und Kandinski. Eine erfrischende Mischung aus Dorfgasthaus und Stadtlokal – nicht leicht zuzuordnen, gerade das macht ihren Reiz aus.
Hauptstraße 8, 6474 Ortenberg-Selters, Tel. 06046/ 1255, geöffnet Di-Fr ab 17 Uhr, Sa, So 10-14 Uhr und ab 17 Uhr. Mo Ruhetag
Anfahrt: Die A 45 zwischen Hanau und Gießen Abfahrt Altenstadt Richtung Ortenberg/Selters. Am Ortseingang von Selters fährt man direkt auf das Restaurant Lenz zu.

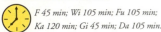
F 45 min; Wi 105 min; Fu 105 min; Ka 120 min; Gi 45 min; Da 105 min.

Schmelzmühle

Sommerfrische im romantischen Tal

Auf halbem Weg zwischen Marburg und Gießen, im romantischen Salzbödental, liegt die Schmelzmühle. Durch ihre Nähe zum Krofdorfer Forst ist sie ein beliebtes Einkehrziel für Wanderer. Der Name rührt von der um 1740 hier betriebenen Eisenschmelze; das Anwesen gehörte damals den Fürsten von Nassau-Weilburg und wurde 1823 dem damaligen Pächter zugeeignet. Heute wird die Schmelz, die schon seit vier Generationen in Familienbesitz ist, von Birgitt Jung betrieben. In den verschiedenen rustikalen Gasträumen finden 200 Leute Platz. Im Sommer sitzt man herrlich im großen Garten und auf der Terrasse. Lieber Klasse als Masse ist das kulinarische Konzept von Frau Jung, die großen Wert auf Frische und Qualität der Speisen legt. Den modernen, leichten, teils vegetarischen Gerichten – Geschmorte Zucchini mit Shiitake-Pilzen oder Gefüllte Forelle – stehen deftige Speisen wie Rumpsteak, Lendchen mit Nudeln oder das Große Holzfällersteak gegenüber. Alte Stammgäste lieben die »Brotzeitkarte«, die heute wie schon vor 60 Jahren deftige Gerichte wie Bauernfrühstück und Wurst aus eigener Schlachtung anbietet. Oder eine Schmelzer Brotzeit: drei Sorten Hausmacherwurst, einen Bauernhandkäse mit Schinken und Gurke und dazu einen hessischen Kümmelschnaps als kleine Verdauungshilfe. Genau das Richtige nach einer ausgiebigen Wanderung.
6304 Salzböden, Tel.. 06404/ 3419; Öffnungszeiten: werktags 11.30-23 Uhr, So 10.30-23 Uhr, Di Ruhetag. Öffnungszeiten von Okt.-März: Mi-Fr 16-23 Uhr, Sa

Vom Gasthof Zur Roten Mühle aus sieht man das Original: die Rote Mühle im Taunus.

11.30-23 Uhr, So 10.30-23 Uhr, Mo/Di Ruhetage.
Anfahrt: zwischen Gießen u. Marburg geht es links ab nach Salzböden, die Mühle liegt etwas außerhalb der Ortschaft.

F 60 min; Wi 75 min; Fu 90 min; Ka 90 min; Gi 15 min; Da 90 min.

Gut Neuhof

Idylle in Hülle und Fülle

Das Gut Neuhof gilt unter Frankfurtern als der stadtbekannte »Geheimtip«, wenn es gilt, kurzfristig dem Großstadtgetriebe zu entfliehen. Zu Recht folgen Erholungsuchende scharenweise dem guten Ruf und vor allem dem guten Schoppen. Malerisch eingebettet in sanfthügelige Wiesen, geschmückt mit einem romantischen kleinen Teich, liegt das Gut Neuhof zwischen Neu-Isenburg und Götzenhain. Und das bereits seit 500 Jahren. Hier gibt es nicht nur eine wunderschöne Terrasse, sondern gleich drei, auf denen sich im Sommer ein buntgemischtes Völkchen trifft, um sich die gutbürgerliche Küche schmecken zu lassen. Vom Hessischen Rundfunk über die Frankfurter SPD bis zu den Chefetagen der Frankfurter Großbanken reicht die Gästepalette, ohne die Preise in die Höhe zu treiben. Und alle, alle schlemmen, was das Zeug hält, trinken bembelweise Ebbelwoi und lassen sich die Sonne auf den Pelz brennen. Ein Auszug aus der reichhaltigen Speisekarte: Geschmorte Rinderhüfte mit Burgundersauce, Ofenfrische Mast-Ente mit Orangenfilets, Zuckererbsen und Kartoffelbällchen oder Zürcher Geschnetzeltes. Ganz zu schweigen von den leckeren Kuchenspezialitäten. Außerdem kann man im kleinen Lädchen die gutseigenen Produkte, wie frisches, selbstgebackenes Brot und Hausmacherwurst kaufen.
Dreieich-Götzenhain (zwischen Neu-Isenburg und Götzenhain), Tel. 06102/ 320014, geöffnet täglich 10-2 Uhr.
Anfahrt: Die Autobahn A 661 südlich von Frankfurt zwischen Dreieich und Neu-Isenburg, Abfahrt Dreieich auf die Landstraße Richtung Götzenhain. Ausschilderung »Neuhof« folgen.

F 30 min; Wi 45 min; Fu 105 min; Ka 135 min; Gi 60 min; Da 30 min.

Die 10 leckersten hessischen Spezialitäten

1. **Frankfurter Grüne Soße**: sieben Kräuter (Borretsch, Kresse, Kerbel, Schnittlauch, Sauerampfer, Pimpinelle und Petersilie) werden kleingehackt, mit Saurer Sahne und hartgekochten Eiern verrührt.

2. **Handkäs' mit Musik**: der Handkäse wird in eine Marinade aus Essig, Öl und feingehackten Zwiebeln gelegt. Die Musik stellt sich mit Hilfe der Zwiebeln von alleine ein.

3. **Saure Brih**: Zwiebeln werden mit Nelken, Salz, Pfeffer, Muskat und Lorbeerblättern in Wasser 1 Stunde gedämpft, Hackfleisch und Brötchen zugefügt, mit Essig abgeschmeckt. Früher war die Saure Brih ein Essen am Schlachttag. Statt Wasser und Hackfleisch verwendete man die anfallende Fleischbrühe und Fleischreste (aus Gießen).

4. **Rippche mit Kraut**: gepökeltes Kotelett, in Sauerkraut gekocht

5. **Frankfurter Würstchen**: seit 1860 fabrikmäßig in Neu-Isenburg hergestellt, seit 1929 dürfen die mageren Frankfurter Würstchen aus Schweinefleisch nur im Bezirk Frankfurt hergestellt werden.

6. **Kochkäse aus Oberhessen**: Handkäse mit Butter, Kümmel und Rahm gekocht.

7. **Bethmännchen**: Weihnachtsgebäck aus Marzipan und drei angedrückten Mandeln.

8. **Lompé un Fleeh**: Traditionsgericht aus Schwalmstadt-Ziegenhain: Schweinebauch (Lompe) wird mit Weißkohl gekocht und mit Kümmel (Fleeh) gewürzt, der beim Kochen um die »Lumpen« hüpft.

9. **Schneegestöber**: Weichkäse mit Frischkäse vermischt und Butter verrührt, mit Paprika, Zwiebeln und Pfeffer gewürzt.

10. **Himmel und Erde** mit Blutwurst: Äpfel (Himmel) und Kartoffeln (Erde) werden weichgekocht, die Äpfel durchpassiert. Dazu reicht man Blutwurst (aus Wetzlar).

Weingüter

Die 10 besten Weingüter

1. **Weingut Diefenhardt** Bester Wein zu bestem Jazz
2. **Weingut Graf von Kanitz** Ökologische Klassiker in Lorch
3. **Weinkellerei Tobias Georg Seitz** Erste Weine aus Spitzenlagen
4. **Weingut von Oetinger** Die Tradition und die Reife in Eltville
5. **Schloß Vollrads** Lukullische Weinproben im Schloßgarten
6. **Weingut Freiherr von Zwierlein** Schloßwein zum Schloßmahl
7. **Gutsschänke Schloß Groenesteyn** Die Oase im Backhaus
8. **Winzergenossenschaft Johannisberg** Genossen haben es geschafft
9. **Weingut Franz Künstler** »Good Hock keeps off the Doc«
10. **Städtisches Weingut** Der Rheingau beginnt in Frankfurt

Hier bekommen Sie reinen Wein eingeschenkt: Deutschlands kleinstes Weinbaugebiet an der Hessischen Bergstraße trifft sich mit Weinlagen von Weltruf im Rheingau. Dort, wo es auch die schönsten Straußwirtschaften Hessens gibt.

von Peter Schneider (Text) und Ullrich Knapp (Fotos)

Weingut Diefenhardt

Bester Wein zu bestem Jazz

Die wohl beste Adresse im etwas versteckt, aber ruhig gelegenen Martinsthal ist das Weingut Diefenhardt mit seinem innen 60, außen 80 Gästen Platz bietenden Gutsausschank. Allein die Spitzenlage Langenberg ist neben diversen Rauenthaler Lagen zu 75% im Alleinbesitz des Hauses. Der engagierte, Selbstbewußtsein ausstrahlende Mitinhaber Peter Seyffardt (sein Bruder kümmert sich um die Arbeit im Wingert) versteht es, im Keller das Beste daraus zu machen. Besonderen Wert legt er bei seinen zu 80% trockenen und halbtrockenen Weinen auf gute Eignung als Speisebegleiter. Darum bietet er ausführliche Informationen auf der Preisliste an und veranstaltet lukullische Weinproben (bis zu 60 Pers.) mit 6-Gang-Menü und eigenen, gereiften Weinen. Geringer Hektarertrag, Lagerfähigkeit und umweltbewußter Anbau sind die Maximen des Hauses. Außer den 85% Riesling wird u.a. ein bemerkenswerter Spätburgunder gekeltert, zum Teil im aktuellen Barriqueausbau à la Bourgogne. In diesem lebendigen Gut finden von Theater, Kabarett bis zu Jazz und Country verschiedenste Veranstaltungen statt, so daß Weinliebhaber jeder Couleur immer einen Grund zum Schoppenstechen finden.
Hauptstr. 9-11, 6228 Eltville 4 (Martinsthal), 06123/ 71490, Fax 74841
Anfahrt: Die A 66 über Wiesbaden in den Rheingau, Abfahrt Eltville, Richtung Martinsthal, dort in der Ortsmitte.

 F 45 min; Wi 45 min; Fu 135 min; Ka 165 min; Gi 90 min; Da 45 min.

Bild rechts:
Lukullisch – Das Schloß Vollrads des Grafen Erwein Matuschka-Greiffenclau.

Weingut Graf von Kanitz
Ökologische Klassiker

Am nordwestlichen Ende des Anbaugebiets Rheingau, in Lorch, das sowohl über die B 43, als auch über das romantische Wispertal zu erreichen ist, steht das Weingut Graf von Kanitz mit dem angeschlossenen Gutsausschank Hilchenkeller, der neuerdings von Florian Kreller aus dem Grauen Haus im Winkel bekocht wird. Der Weinbau wird hier ökologisch betrieben, die Weine sind eher leicht und bekömmlich (hoher Trockenanteil) und stammen aus fünf Lagen. Auf den 15 ha Anbaufläche dominiert mit 93% der Rheingauklassiker Riesling. Nach Vereinbarung mit dem Güterdirektor Gernot Boos, der das aus dem 13. Jahrhundert stammende Weingut verwaltet, sind geleitete Weinproben und diverse Veranstaltungen rund um den Wein möglich. Empfehlenswert ist ein Besuch auch in Verbindung mit einer Rheintour per Schiff von Eltville nach Lorch.
Rheinstr. 49, 6223 Lorch, Tel. 06716/ 346, Gutsausschank Hilcheshaus: Tel. 06726/ 2060, tägl. außer Donnerstag geöffnet 15.00-24.00 Uhr.
Anfahrt: über die B 42, am Rhein entlang oder über die B 275 über Bad Schwalbach durchs Wispertal. In Lorch selbst direkt am Rhein.

 F 75 min; Wi 45 min; Fu 165 min; Ka 195 min Gi 105 min; Da 75 min.

Weinkellerei Tobias Georg Seitz
Erste Weine aus Spitzenlagen

In dem seit 1989 von Peter Scholl nebst Frau geleiteten Weingut wird auf 6,5 ha zu 75% Riesling auf Hanglage angebaut. Die vorwiegend trockenen Weine werden meist an Privatkunden verkauft. Diese schätzen die aus vier Spitzenlagen stammenden, feinfruchtigen und feinnervigen Weine so sehr, daß die Auswahl nur Weine der letzten drei Jahrgänge umfaßt. Auch ein vorzüglicher Rieslingsekt extra-brut findet seit drei Jahren immer mehr Liebhaber. Bei den auf Granit- und Buntsandstein-Verwitterungsböden gewachsenen Weinen wird das Hauptaugenmerk auf einen schonenden, traditionsbe-

Die Spitzenlage: das Weingut Eberhard Ritter und Edler von Oetinger

wußten Ausbau gelegt. Gute Weine kommen auch vom benachbarten 6 ha-Traubengut. Nach vorheriger Anmeldung finden moderierte Weinproben statt. Besuchenswert ist das Auerbacher Schloß, in dem eine bemerkenswerte Erlebnisgastronomie stattfindet, das Fürstenlager von Großherzog Ernst Ludwig von Darmstadt (zweitgrößter Park in Hessen) sowie die in der benachbarten Kappengasse 2 gelegene Weinstube »Blauer Aff« (Tel. 06251/ 72958) mit einer urigen Atmosphäre und einer auch international bestückten Weinkarte.
Weinkellerei: Weidgasse 8, 6140 Bensheim-Auerbach, Tel. 06251/75825
Anfahrt: Autobahn E 35, Abfahrt Bensheim, nach Bensheim und die B 3 weiter nach Norden bis Auerbach. Im Ortskern.

 F 45 min; Wi 45 min; Fu 135 min; Ka 165 min; Gi 90 min; Da 30 min.

Sonnig: das Weingut von Zwierlein.

Weingut Eberhard Ritter und Edler von Oetinger
Die Tradition und die Reife

Vor dem Ortskern von Erbach am Rhein liegt der Maximilianshof, ein alter Adelshof. Der Gutsausschank ist sicher einer der reizvollsten im Rheingau. Seit 1828 ist er im Besitz derer von Oetinger. In der 6. Generation führt nun Junior Christoph den 8,32 ha großen Betrieb, beim Anbau seiner Weine (90% Riesling) legt er Wert auf eine ungeschönte, knackige Säure, die sich apart mit den Extraktstoffen der meist trockenen Kreszenzen vermählt. Sie werden erst ein Jahr nach der Reife zum Verkauf freigegeben. Im Sommer lockt der 180 Plätze umfassende Garten, den eine Rheingauer Holzkelter von 1683 ziert. Die Liste umfaßt etliche Erbacher, Kiedricher, Hattenheimer sowie Eltviller Lagen und bewegt sich preislich zwischen 6,50 und 200 DM für einen 83er Erbacher Hohenrain Riesling Eiswein. Eine Empfehlung ist gerade an heißen Tagen der handgerüttelte extra-brut Riesling mit Jahrgangs- und Lagenbezeichnung, wobei man stolz darauf ist, der älteste private Versekter im Rheingau zu sein.
Maximilianshof/Rheinallee 2, 6228 Eltville am Rhein 2 (Erbach), 06123/ 62648, Gutsausschank ganzjährig geöffnet: Di-Sa 14.30-24.00 Uhr, So u. feiertags 11.00-24.00 Uhr, Mo Ruhetag
Anfahrt: Die A 66 über Wiesbaden in den Rheingau, Abfahrt Eltville, runter bis zum Rhein, vor dem Ortskern Erbach.

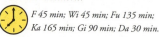 *F 45 min; Wi 15 min; Fu 135 min; Ka 165 min; Gi 90 min; Da 45 min.*

Hessische Bergstraße
Deutschlands kleinstes Weinbaugebiet

Die Hessische Bergstraße, durch ihr mildes Klima berühmt, liegt am Westhang des Odenwaldes und ist das kleinste deutsche Weinbaugebiet. Es wurde erst 1971 geschaffen und umfaßt 400 ha Anbaufläche mit verschiedenen Gesteinsverwitterungsböden auf denen mit 55% Flächenanteil die Rieslingrebe dominiert. Der Weinbau wird durch eine relativ hohe Zahl von über 1000 Winzerfamilien betrieben, die zum größten Teil sogenannte Hobby- oder Feierabendwinzer sind und ihre Weinberge oft noch in mühseliger Handarbeit pflegen. Das Gros der kleinen Erzeugung wird im Anbaugebiet von Touristen und Einheimischen selbst getrunken, Bergsträßer Wein ist deshalb eine Rarität. Die verkehrsgünstig über zwei Autobahnen zu erreichende Landschaft hat außer klimatischen und landschaftlichen Reizen auch einige altertümliche Städtchen und Schlößchen zum Verlieben, z.B. Bensheim, Heppenheim und das Auerbacher Schloß.

Schloß Vollrads

Lukullische Weinproben im Schloßgarten

Das Schloß Vollrads wird von Graf Erwein Matuschka-Greiffenclau geleitet, einem Mann, der im deutschen Weinbau und Marketing als multifunktionelle Institution gilt. Das Schloß atmet 800jährige Tradition bei modernster Technik und weltweitem Bekanntheitsgrad. Ein Qualitätsstreben, das seinen Preis hat, steht im Vordergrund der Weinbereitung. Die Weine, die sehr gut lagerfähig sind, zeichnen sich durch eine pikante, fruchtig-elegante Art aus. Als Besonderheit wird die Geschmacksrichtung der aus 50 ha Anbaufläche stammenden Vollrader Weine, wie auch des benachbarten, unter gleicher Regie stehenden 20-ha-Guts Fürst Löwenstein, durch verschiedenfarbige Flaschenkapseln gekennzeichnet. In den Privaträumen des Schlosses veranstaltet der Graf »Lukullische Weinproben«, bei denen elf Rieslingweine der hauseigenen Güter ein fünfgängiges Menü begleiten. Im Kavaliershaus von Vollrads lassen sich ländliche Gerichte zum Wein verkosten, zum Teil bei namhaften Jazzveranstaltungen auf der Terrasse im Schloßgarten, die einen tollen Blick auf die Anlage bietet. Zum Familienbesitz gehört auch das älteste Steinhaus Deutschlands, das Graue Haus in Winkel. In diesem Spitzenrestaurant wird von Küchenchef Egbert Engelhard eine leichte Küche mit marktfrischen Produkten zelebriert, zu der der Gast aus über 120 Riesling- und Spätburgunderweinen aus dem Rheingau den passenden Tropfen wählen kann.

6227 Oestrich-Winkel, 06723/ 5056, Gutsausschank: Tel. 06723/ 5270, geöffnet Di-Fr 14.00-24.00 Uhr, Sa u. So 11.00-24.00 Uhr, Mo Ruhetag, Graues Haus: Tel. 06723/ 2619, Graugasse 10, Mo u. Di Ruhetag. Anfahrt: An der B 42 rechtsrheinisch, Abfahrt Winkel, den Schildern »Schloß Vollrads« folgen. In der Ortsmitte von Winkel befindet sich das Graue Haus.

 F 45 min; Wi 30 min; Fu 135 min; Ka 165 min; Gi 90 min; Da 45 min.

Weingut Freiherr von Zwierlein

Schloßwein zum Schloßmahl

Fast ausschließlich Rieslingweine werden in diesem »blaublütigen« Weingut vermarktet. Davon gehen fast 45% in den Export. Erzeugt werden sehr rebsorten-typische, haltbare Weine. Zu jedem Wein kann der Kunde genaue Analysedaten erhalten, als Preisbeispiel sei ein 1988er Schloß Kosakenberg Riesling Kabinett trocken zu 14,- DM genannt. In den Schloßräumen sind nach Vereinbarung fachkundige Proben auch mit klassischer Musik und Imbiß möglich. Die Räume des Schlosses eignen sich zudem für Festlichkeiten, Seminare und Tagungen. Dem Weingut ist ein Gutsausschank mit einer Küche anspruchsvollen Zuschnitts angeschlossen. Die Menükarte, die bei 35 DM beginnt, wechselt à la Saison, im Sommer werden Fischgerichte bevorzugt, zu der die ausschließlich mit eigenen Weinen bestückte Weinkarte vortreffliche Pendants liefert. Man hat sich außerdem auf die Ausrichtung von Buffets und Speisen für geschlossene Gesellschaften spezialisiert. Eine Reservierung unter Tel. 06722/ 71543 ist erforderlich.

Schloß Kosakenberg, Bahnstr. 1, 6222 Geisenheim, Tel. 06722/8307 (Weingut), geöffnet täglich 11.30-14.00 Uhr u. 18.00-23.00 Uhr, Mi Ruhetag Anfahrt: An der B 42 rechtsrheinisch, vor Rüdesheim Abfahrt Geisenheim Das Schloß befindet sich direkt in Geisenheim.

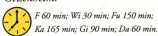 *F 60 min; Wi 30 min; Fu 150 min; Ka 165 min; Gi 90 min; Da 60 min.*

Gutsschänke Schloß Groenesteyn

Die Oase im Backhaus

Seit dem Frühjahr 1990 befindet sich hinter einer liebevoll sanierten Fachwerkfassade die 90 Sitzplätze bietende Gutsschänke des Weinguts Schloß Groenesteyn, das auf eine 350jährige Geschichte zurückblickt. Das ehemalige Backhaus wurde mit viel altem und Be-

---

An alle, die nicht mehr als 40 DM für eine Kreditkarte bezahlen wollen.

DresdnerCard-Jahresgebühr nur noch 40 DM.

Die DresdnerCard, die EUROCARD der Dresdner Bank, hat noch einen Vorteil mehr: Sie kostet nur 40 DM im Jahr, also umgerechnet nur 3,33 DM pro Monat. Über zwei Millionen Bundesbürger benutzen inzwischen Kreditkarten beim Einkaufen, beim Reisen und bei allen anderen Gelegenheiten.

Allein in Deutschland hat man mit unserer DresdnerCard über 100.000 Akzeptanzstellen.

Und was auch zählt: In diesen 40 DM ist automatisch eine Reise-Unfallversicherung enthalten, die Ihre Familie einschließt.

Die DresdnerCard können Sie auch drei Monate lang testen.

Wenn Sie Näheres wissen möchten, kommen Sie doch einfach in eine unserer Geschäftsstellen.

Stand: 8. Juli 1991

Dresdner Bank

Für herzhafte Gaumenfreuden: die Terrasse der Gutsschänke auf Schloß Groenesteyn.

haglichkeit ausstrahlendem Holz zu einer Oase wohltuender Gemütlichkeit umfunktioniert. An warmen Tagen ist die für 60 Gäste konzipierte Terrasse ein Anlaufpunkt mit Blick auf altes Gemäuer. Natürlich trinkt man hier ausgesuchte Weine des traditionsreichen Schloßguts, zu denen die Frau des Inhabers, Baronin Malisa von Ritter passende Speisen von Schweinelendchen bis Winzerspieß anbietet. Die Weine des 32 ha großen Guts, dessen Kelterei in Rüdesheim steht, stammen aus einer Vielfalt von Kiedricher und Rüdesheimer Lagen, wobei der Schwerpunkt rheingaugemäß mit 92% Rebfläche beim Riesling liegt. Fachmännische Weinproben, sogar in schwedischer Sprache, sowie eine Betriebsbesichtigung sind nach Absprache möglich. Sehenswert im anerkannten Erholungsort Kiedrich ist außer den beiden gotischen Kirchen St. Valentin und St. Michael auch das beliebte Wanderziel Burg Scharfenstein, ehemals erzbischöfliche Feste.
Oberstr. 36/37, 6229 Kiedrich, Tel. 06123/ 1533, Weingutsverwaltung: Suttonstr. 22, 6229 Kiedrich, Tel. 06123/ 2492, Kelterei: Oberstr. 19, 6220 Rüdesheim, Tel. 06722/ 2521. Gutsschänke geöffnet täglich 17.00-24.00 Uhr, Mo u. Di Ruhetag. Anfahrt: Zur Gutsschänke im Backhaus gelangt man an der B 42 rechtsrheinisch, Abfahrt Erbach, dann nördlich Richtung Kiedrich, durch den Ort, rechts ab zum Schloß Groenesteyn.
Gutsschänke geöffnet täglich 17.00-24.00 Uhr, Mo u. Di Ruhetag.

 F 60 min.; Wi 30 min.; Fu 150 min.; Ka 180 min.; Gi 105 min.; Da 60 min.

Winzergenossenschaft Johannisberg

Die Genossen haben es geschafft

Wenn wir das Credo der Rheingauer Charta-Weingüter lesen: herausragendes Lesegut, höhere Mostgewichte, zweimalige Prüfung vor einem Kellermeistergremium und Freigabe erst nach einjähriger Reifezeit, so wird der Weinliebhaber diese Attribute kaum bei einer Winzergenossenschaft vermuten, über deren Status noch oft die Nase gerümpft wird – gerade im ehrwürdigen Rheingau. Nun, die erste und einzige Winzergenossenschaft im Rheingau, die Mitglied der Elitevereinigung »Charta« ist, sind die Johannisberger Genossen. Folklorefans kommen angesichts der zweckmäßigen Betriebsgebäude kaum auf ihre Kosten, doch hinter der nüchternen Fassade versteckt sich eine vinologische Preis-/Qualitätsrelation, die sich im eher hochpreisigen Rheingau sehen lassen kann. Auf der Weinliste sind etliche schöne Zechweine für unter 6 DM zu haben, und auch die markanten Spätlesen liegen noch deutlich unter 10 DM. Kellerproben sind auch für größere Gruppen nach Vereinbarung möglich. Die Genossen betreiben unter gleicher Adresse noch eine rustikalgemütliche Gaststätte, deren bodenständiges Preisniveau in Verbindung mit den eigenen Weinen selbst mittags zu längerem Verweilen animiert.
Rosengasse 25, 6222 Geisenheim-Johannisberg, Kelterei: 06722/ 2179 u. 6732, Gaststätte: 06722/ 6782, geöffnet täglich 11.00-14.00 u. 16.00-23.00 Uhr, Di Ruhetag Anfahrt: An der B 42 rechtsrheinisch, Abfahrt Winkel, noch ein Stück in Richtung Geisenheim, rechts ab nach Johannisberg. Gaststätte im Ortskern.

 F 60 min; Wi 30 min; Fu 150 min; Ka 180 min; Gi 105 min; Da 60 min.

Weingut Franz Künstler

»Good Hock keeps off the Doc«

Ohne Gutsausschank und auch nicht im Herzen der sehenswerten Hochheimer Altstadt – doch wer den viktorianischen Wahlspruch »Good Hock keeps off the Doc« beherzigen möchte, kommt um die Weine des 64jährigen Franz Künstler nicht herum. Schon in Südmähren baute er Wein an, bevor es ihn an den Main verschlug und er nach 15 Verwalterjahren (Domdechant Werner'sches Weingut) den Start in die Selbstständigkeit wagte. Sie wurde 1978 gleich mit dem ersten von zwei Bundesehrenpreisen honoriert. Die 6 ha Weinberge in Hochheims besten Lagen liefern zu 80% trockene Weine mit reifer, dichter Säure beim Riesling, sowie einen kräftigen, holzbetonten Spät-

burgunder, dessen Qualitätstrend kontinuierlich nach oben weist. Die Liste der Charta (= Qualitätsweinbau-Vereinigung im Rheingau) nennt Preise von 6 bis zu 95 DM für einen Hochheimer Reichesthal Riesling Eiswein 1989 in der 0,5-l-Flasche. Ein recht ansprechender Riesling-Sekt für 14,50 DM wird von Vater Franz und Sohn Gunter ebenfalls erzeugt. Direkt können die Künstler'schen Weine an den Tagen der offenen Tür, bei angemeldeten Besuchen sowie auf dem Hochheimer Weinfest Anfang Juli verkostet werden.
Freiherr-vom-Stein-Ring 3, 6203 Hochheim, Tel. 06146/ 5666 (Anmeldung).

 F 30 min; Wi 15 min; Fu 120 min; Ka 135 min; Gi 60 min; Da 30 min.

Städtisches Weingut

Der Rheingau beginnt in Frankfurt

Wohl nur wenigen Weinliebhabern dürfte bewußt sein, daß der Rheingau quasi im Herzen der Metropole, nämlich beim 1,25 ha großen Weinberg des Städtischen Weinguts im Frankfurter Stadtteil Seckbach beginnt, wo auf tonigem Boden markante, spritzige Rieslingweine wachsen. 1976 konnte sogar eine Auslese eingebracht werden, die auch letzte Skeptiker verstummen ließ. Der Frankfurter Wein – so selten er auch ist – hat sich eingefügt in die Reihe großer Weine, wenn auch nicht von Weltruf. Der Gutsbetrieb befindet sich nebst dem größten Lagenanteil seit der Säkularisation, sprich »Verweltlichung« des Bischofstaates von Mainz im Jahre 1803, in Hochheim. In der Repräsentation des Magistrats hat der Hochheimer Wein, von Weinkennern und im Volksmund »Hock« genannt, seitdem einen festen Platz erhalten. Und noch erstaunlicher: Der Weinbau in Frankfurt gehört zu den ältesten überhaupt in Deutschland: Er wurde 816 in Überlieferungen erstmals erwähnt und trug damals nicht unwesentlich zum Steueraufkommen bei. Der Rebsortenspiegel hat seine rheingautypischen 85% Riesling und 15% ergänzende Rebsorten (auch Spätburgunder). Für unter 10DM kann man sich ein »städtisches« Trinkvergnügen gönnen.
Weingut der Stadt Frankfurt, Gutsbetrieb: Aichgasse 11, 6203 Hochheim, Verkauf: Limpurger Gasse 2, 6000 Frankfurt. Anfahrt: A 671 Wiesbaden-Gustavsburg, Abfahrt Hochheim-Süd, rechts durch die Laternengasse in den Ortskern.

 F 30 min; Wi 15 min; Fu 120 min; Ka 135 min; Gi 60 min; Da 30 min.

Der Rheingau

Geburtsort der Spätlese

Der ca. 40 km lange Rheingau mit seinen Südhanglagen ist das renommierteste Weinanbaugebiet Deutschlands mit Lagen von Weltruf. Der Weinbau stammt aus der Zeit Karls des Großen, der die ersten Reben auf dem Johannisberg setzen ließ. Auch die Spätlese wurde hier »erfunden« – 1775. Der in dieser Region seenartig breite Rhein wirkt tagsüber als Sonnenreflektor und nachts als Wärmespeicher – was das Heranreifen von Ausnahmeweinen aus der vorwiegend angebauten hochwertigen Rieslingrebe sehr begünstigt. Nur gelegentlich findet man nuancierte Rotweine aus der Spätburgundertraube (in Assmannshausen). Im Rheingau ist eine Vielzahl von traditionsreichen, oft adligen Weingütern ansässig, die deutsche Weingeschichte geschrieben haben. Ihre Spitzenweine brauchen dank ihrer hohen Qualität keinen internationalen Vergleich zu scheuen, sie sind als edelsüße Tropfen mit Rasse jahrzehntelang haltbar. Außer der weltweiten Ruf genießenden Forschungsanstalt mit Fachhochschule in Geisenheim findet man im Rheingau auch so bedeutende Baudenkmäler wie die gotische Valentinuskirche in Kiedrich, das Kloster Eberbach und diverse Schloßanlagen. Interessant ist auch das Rheingau-Musik-Festival mit ca. 30 Konzerten jährlich zwischen Rhein und Reben.

Discotheken

Musik-Clubs

von Norbert Krampf (Text) und
Burkhard Brandenburger (Fotos)

Superstars und Local Heroes, Hard-Core-Punk und Peter Maffay – die Musikszene dreht auf. Die Live-Clubs sind ihre besten Verstärker, die Discotheken trendsettende Tanzpaläste. Sogar im europäischen Vergleich gehören die hessischen Clubs und Discos mit zu den erfolgreichsten Sound-Schmieden überhaupt.

Die 5 heißesten Discotheken

1. **Omen** - Hard Core Dance in Frankfurt
2. **Technoclub im Dorian Gray** - Techno unterm Flughafen
3. **World** - Beste Black Music in Kassel -
4. **Europaturm / Sky Fantasy** - Disco in Frankfurt-Ginnheim
5. **No Order & Basement** - Independent Rock in Wiesbaden

Die 5 packendsten Musik-Clubs

1. **Batschkapp** - Der Nummer-eins-Club in Frankfurt
2. **KFZ** - Der noch immer autonome Club in Marburg
3. **Jazzkeller** - Der älteste Jazzclub Deutschlands
4. **Sinkkasten** - Der Nachwuchs-Club für Newcomer
5. **Cavete** - Der Knitting-Factory-Club nach New Yorker Vorbild

Die Discotheken

Omen
Hard Core Dance in Frankfurt

Der energiegeladenste Club Deutschlands. Hier trifft sich besonders freitags die gesamte Frankfurter Innenstadt-Szene zum endgültigen Ausrasten, zum gnadenlosen Durchtanzen, als gelte es, in MTV eine Nebenrolle zu bekommen – sieben Stunden am Stück, auf einen Groove. Den bestimmt Sven Väth, »Electrica Salsa«-Erfinder und Guru für alle Dancefloor- und Techno-House-Freaks. Nirgendwo wird dem Deejay mehr gehuldigt, nirgendwo ist er ein größerer Meister der Selbstinszenierung. Und nirgendwo hat man als Nicht-Tänzer (trotz eines kleinen »Bistros« mit einigen Sitzgelegenheiten) weniger verloren als im Omen.
Frankfurt, Junghofstr. 14, Tel. 069/ 282233, Fr/Sa 22-6 Uhr, bei Vollmond Open End

 Wi 30 min; Fu 90 min; Ka 120 min; Gi 45 min; Da 30 min;

Techno Club im Dorian Gray
Techno unterm Flughafen

In der seinerzeit ersten Großdisco der Republik ist ein wenig Ruhe eingekehrt – außer freitags, wenn der selbsternannte Techno-Papst Talla 2XLC zusammen mit Freunden in der Upper-Class-Disco regiert. Der Labelchef, Produzent und Deejay Talla setzt hier die Techno-Trends, die seinen Ruf bis in die Staaten manifestieren. Neu Stile werden gecheckt, hier findet sich bei Parties und Livekonzerten die gesammelte Prominenz von Kraftwerk bis Front 242 ein und läßt sich an der Theke in ein lockeres Gespräch verwickeln. Wer wichtige Leute treffen will, ist hier richtig, wer zu klaustrophobischen Anfällen neigt, sollte sich nicht unbedingt in den Club Bizarre (gruftig eingerichtetes Kellergewölbe) oder den Großen Club (massiver Nebel und ebensolche Finsternis, fast ausschließlich schwarz gewandetes Publikum) wagen.

Europas höchstgelegene Discothek: das Sky Fantasy auf dem Europaturm.

Gnadenloser Techno-Beat ist wohl sowieso nicht jedermanns Sache. Als konsequentes »Gesamtkunstwerk aus Lärm, Dunkelheit und abgefahrenem Publikum« ist der Techno Club einmalig in Deutschland.
Frankfurt-Flughafen, Terminal C, Ebene 0, Tel. 069/ 6902212, Fr 21-6 Uhr (Techno Club), Mi/Do 21-4 Uhr, Sa 21-11 Uhr (Dorian Gray)

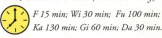 *F 15 min; Wi 30 min; Fu 100 min; Ka 130 min; Gi 60 min; Da 30 min.*

World
Black Music in Kassel

Fast jeder kennt es, auch ohne da gewesen zu sein; der Ruf als eine der letzten Inseln des Funk und Rap eilt dem Kassler World weit voraus. Nicht zuletzt aufgrund seines Deejays Chilly T. Als einer der größten Clubs für schwarze Musik wird der spartanisch eingerichtete Saal im Lagerhallen-Design fast ausschließlich von breitschultrigen Schwarzen und dauergewellten Blondinen bevölkert, die jeden Abend eine beeindruckende Vorstellung im Balz-Tanz und Wimpernklimpern zur Schau tragen – natürlich unter Wahrung aller Ausdrucksmittel sogenannter »Coolness«. Mehr fasziniert wohlmöglich auch die Hip-Hop- und Rap-Show der Deejays, die nicht müde werden, das Publikum via Mikrophon zum »Yo«-Brüllen und Mitrappen zu animieren. Zu guten Zeiten brodelt die Stimmung im World so, wie es nur noch im New Yorker Paladium möglich scheint – allerdings ohne zusätzliches Staraufgebot. Unregelmäßig gibt es auch Liveauftritte von US-Rappern unterschiedlichster Qualität
Kassel, Sandershäuser Straße 77, Tel. 0561/ 571346, geöffnet Do-So 20-2Uhr, Fr/Sa 20-4 Uhr

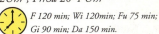 *F 120 min; Wi 120min; Fu 75 min; Gi 90 min; Da 150 min.*

Sky Fantasy
Disco im Frankfurter Europaturm

Die höchstgelegene Disco Europas bezieht ihren Reiz primär aus ihren baulichen Gegebenheiten: Der Rundgang auf 222 Metern Höhe ist bei Nacht und mit gut aufgelegter Musik im Hintergrund ein Erlebnis (der dynamische Deejay Georg achtet dabei weniger auf seinen als vielmehr auf den Geschmack der anwesenden Gäste). Das Publikum, schon sorgsam am Eingang ausgewählt, rekrutiert sich aus der betuchten Schickeria, Sportprominenz und BWLern, das Ambiente besticht durch modernes Design der zeitlosen Art und die Theken verraten meist durch auffällige Bänder oder Transparente das Motto respektive den Sponsor des entsprechenden Abends. Zum besonders angesagten Event hat sich der Karaoke-Mittwoch entwickelt, bei dem das Publikum etwas weniger seriös-schick und die Atmosphäre im Turm lockerer ist als am Wochenende.

Frankfurt-Ginnheim, Im Europaturm, Tel.:069/ 533077, Mi, Fr 22-4 Uhr, Sa 22-5 Uhr

Wi 30 min; Fu 90 min; Ka 120 min; Gi 45 min Da 30 min.

No Order & Basement

Independent in Wiesbaden

Zwei Clubs annähernd gleicher Größe, die dem nachbarschaftlichen Multimediagebilde Wartburg und Confetti inzwischen den Rang abgelaufen haben: kleinere Clubs mit größerer Identifikationsmöglichkeit allein durch die intime Nähe unter den Gästen und der programmatischen Konsequenz der Betreiber und Deejays. Das ebenerdige No Order spricht mit seiner Philosophie ein etwas gemäßigtes Pulikum zwischen zwanzig und dreißig an, was in Musik (David Bowie) und Einrichtung (fast klassisch mit Spiegeln und Lichterketten) seinen Ausdruck findet. Dagegen ist das im Keller gelegene Basement etwas moderner im Design und Musik, sein Publikum entsprechend jünger. Da zwischen No Order und Basement etwa 200 Meter liegen, ist das Pendeln so einfach wie empfehlenswert und wird von den Wiesbadenern ausgiebig praktiziert.

Wiesbaden, Schwalbacher Str. 47, Basement: Tel. 0611/ 305737, Mi, Do, So 21-1 Uhr, Fr/Sa 21-2 Uhr; No Order, Schwalbacher Str. 69: Tel: 0611/ 590826, So-Do 20-1 Uhr, Fr/Sa 20-2 Uhr

F 30 min; Fu 120 min; Ka 150 min; Gi 60 min; Da 30 min.

Die Musik Clubs

Batschkapp

Der Nummer-eins-Club

Weit über die Grenzen Frankfurts hinaus gehört die »Kapp« zu Deutschlands etabliertesten Live-Clubs. In Frankfurt ist sie längst Institution und wird sogar städtischerseits gegen die lärmgeplagten Nachbarn verteidigt. Hier spielten von Rodgau Monotones bis BAP nahezu alle deutschen Bands, bevor sie in die Charts kamen; dazu die Creme der internationalen Rock-, Punk-, Indie- und Underground-Szene. Das Batschkapp-Management hat ein Händchen in der Auswahl der Konzerte. Oft sind es Stars, die letztmalig zum Greifen nah präsentiert werden, bevor sie in die Weite der Festhalle und des Fernsehens hinauskatapultiert werden. Seit den Anfängen 1976 hat sich die Batschkapp zu einem gut ausgestatteten, professsionell geführten Konzertsaal mit ausgefeilt-strapazierfähiger Einrichtung in den Grundtönen Schwarz und Grau entwickelt. Denn bei entsprechenden Konzerten kommt auch mal ein unbestelltes Bier geflogen. Crew und Stammpublikum (oft selbst Musiker) bil-

Hier werden Top-Acts gespielt und zu »Idiot Ballroom« getanzt: die Batschkapp in Frankfurt.

den eine Szene, in der man sich seit Jahren kennt. Der Umgangston ist manchmal rauh, meist herzlich. Am Wochenende steht auf der Bühne eine zusätzliche Theke; im »Idiot Ballroom« sorgen freitags und samstags eine reduziert-gezielte Beleuchtung, hervorragende Indie-Deejays und günstige Preise (selbst im Cocktail-Angebot) für ein knallvolles Haus – entsprechend hitzige Discostimmung und so mancher platt getanzte Fuß unter dem entweder schwarz oder wild gestylten Szene- und Anarcho-Publikum.

Frankfurt-Eschersheim, Maybachstr. 24, Tel. 069/ 531037, bei Konzerten 20-0 Uhr, Idiot Ballroom Fr/Sa 21-2 Uhr.

Wi 30 min; Fu 90 min; Ka 120 min; Gi 45 min; Da 30 min.

KFZ

Der autonome Club

Der Bekanntheits- und Beliebtheitsgrad des »KFZ« ist – für ein »Autonomes Kulturzentrum« aus den 70er Jahren – ungewöhnlich hoch. Man kennt und schätzt hessenweit die Marburger »Initiative Kommunikation & Freizeit-Zentrum« – vielleicht, weil hier der alte linke Traum von Autonomie und Subkultur nie ausgeträumt wurde und sich mit einem ausgesprochen zielsicheren musikalischen Programm mit Stars und Nachwuchs der Underground-, Jazzrock- und lokalen Szene weithin bewährt hat. Das »KFZ« hat sich nie »spezialisiert«, wollte nie nur ein Musikschuppen sein oder umsatzsteigernde Kompromisse eingehen.

Es ist Hessens einziger Musikclub, der gleichzeitig Kabarettgruppen einlädt und wirklich jede Subkultur nicht nur mit Bier, sondern auch mit handfestem Rat und echter Hilfestellung versorgt – »autonom« natürlich. So ist das vor vier Jahren erweiterte, recht moderne und gut ausgestattete Gebäude Treffpunkt für die unterschiedlichsten Gäste geblieben und stellt dadurch die perfekte Szenen-Fusion dar. Auch wenn es dadurch nicht »professionell« läuft wie in anderen Musikclubs.

Marburg, Schulstraße 6, Tel. 06421/ 3898, geöffnet täglich von 20-1 Uhr.

F 75 min; Wi 100 min; Fu 75 min; Ka 75 min; Gi 30 min; Da 100 min.

Jazzkeller

Der älteste Jazzclub

Der älteste Jazzclub Deutschlands zehrt noch heute vielfach von seiner langen Tradition. Auch wenn er mit amerikanischen Weltstars aus finanziellen Gründen etwas weniger bestückt ist als früher – die Kapazität von 120 Gästen ist bei den heute üblichen Gagen kaum ausreichend – der Jazzkeller ist ein Zentrum des Jazz geblieben. Daß die Musiker nach großen Auftritten ihre Nachtsessions nicht mehr im Jazzkeller abhalten, liegt an den Veränderungen im Show-Business. Die Zeit der legendären Sessions ist vorbei. Trotzdem sind im Laufe eines Monats internationale Highlights aus Deutschland, Europa und noch immer aus Amerika zu Gast. Zu ihnen gesellen

Sinkkasten
Der Nachwuchs-Club

Seit mehr als zwanzig Jahren steht der Sinkkasten für Kontinuität. Der verwinkelte, mit viel Theke, ausreichend Sitzplätzen, einigen Tischen und einem abgetrennten Café »Treibhaus« ausgestattete Club bietet an fünf Tagen

dasselbe Ritual in dringend empfohlener leichter Kleidung – an diesem Tag suchen nämlich sämtliche Schüler und Rockfreaks der Stadt das kollektive Sauna-Erlebnis Disco.

Frankfurt, Brönnerstr. 9, Tel. 069/ 280385, bei Veranstaltungen 21-1 Uhr, Do/Fr/Sa 21-2 Uhr, außer Mo

🕐 Wi 30 min; Fu 90 min; Ka 120 min; Gi 45 min; Da 30 min.

brav nach jedem Solo. Neben den »Local Heroes« ist die Cavete zur zweiten Heimat für viele US-Stars und »schwarze Perlen« des Jazz und Blues geworden. Seinen guten Ruf hat sich der Club unter Jazzliebhabern auch dadurch erarbeitet, daß er auf Mainstream weitgehend verzichtet. Stattdessen veranstalten die mit der Jazzinitiative Marburg (JIM) verknüpften Betreiber auch

Deutschlands ältester Jazzclub: der Frankfurter Jazzkeller.

sich regelmäßig so regional wie überregional bekannte Namen eines Heinz Sauer, Peter Lauer und Albert Mangelsdorff. Die Theke gibt sich bodenständig und unkompliziert. Das Publikum, selbst bei der legendären Mittwochs-Disco bis tief in die Nacht, ist selten jünger als 25.

Frankfurt, Kleine Bockenheimer Str. 18a, Tel. 069/ 288537, tägl. 21-3 Uhr, So/Mo geschlossen

🕐 Wi 30 min; Fu 90 min; Ka 120 min; Gi 45 min; Da 30 min.

in der Woche Liveprogramm, das von Rock und Blues über Jazz bis hin zu Reggae und Salsa reicht und auch Underground zuläßt. Viele regionale Bands hatten und haben hier ihre ersten Auftritte vor größerem Publikum – die intime Bühnennähe ist dazu optimal, das Konzept verspricht gerade durch die Newcomer Überraschungen und Enttäuschungen mit gleich verteiltem Risiko. Aber gemeint ist wohl eher das Schlangestehen jeden Donnerstag. Woche für Woche

Cavete
Der Knitting-Factory-Club

Ein typischer Jazzclub, der in dieser Form auch in New York zu Hause sein könnte. In dem kleinen, ebenerdigen Gewölbe – in weiß-gelbem Design – sitzen die gleichen Gäste wie schon in den 60ern bei Bier und mittelmäßigem Wein und lauschen hingebungsvoll den Klängen Michael Sagmeisters und applaudieren bedingungslos

große Festivals außer Haus. Wer heute sogar in der New Yorker Jazz-Szene nach dem Marburger Club fragt, wird unter Umständen zu hören bekommen: »Yeah man, I did it there!«. Marburgs Jazzclub hat sich somit zu einem der ersten Häuser der Republik in puncto Jazz hochgespielt.

Marburg, Am Steinweg 12, Tel. 06421/ 66157, geöffnet So-Do 20-2 Uhr, Fr/Sa 20-3 Uhr

🕐 F 75 min; Wi 100 min; Fu 75 min; Ka 75 min; Gi 30 min; Da 100 min.

In Kinosesseln freier Blick auf die Tanzfläche: der Nachwuchs-Club Sinkkasten.

Bühnen

Es sind weniger die sechs Stadt- bzw. Staatstheater in Hessen, sondern die kleinen Bühnen, die in Hessen einen Begriff von unterhaltsamer Schau-Kunst geprägt haben.

Die 10 erstaunlichsten Theater

1 **Das Frankfurter Theater am Turm** Gute Kunst ist heimatlos

2 **Der Tigerpalast in Frankfurt** Das Großstadt-Varieté

3 **Ballett Frankfurt** Forsythe International

4 **Gerdas Kleine Weltbühne in Mühlheim** Travestie für ganze Familie

5 **Kammeroper Frankfurt** Der intime Opernschmaus

6 **Fresche Keller in Ortenberg** Hans Schwabs ganz eigene Tour

7 **Theaterwerkstatt Marburg im TNT** Freies Theater vom Feinsten

8 **Groschenoper, Wiesbaden** Dinner-Show for two

9 **Burgfestspiele Eppstein** Volk gegen Adel

10 **Die Schmiere in Frankfurt** Das schlechteste Theater der Welt

Von Gerald Siegmund (Text) und Oliver Kaiser (Fotos)

Das Frankfurter Theater am Turm
Gute Kunst ist heimatlos

Gute Kunst ist heimatlos. Gutes Theater auch. Es hat in New York so viel zu sagen wie in Brüssel, Paris oder in Frankfurt. In diesen Städten gibt es keine homogene Öffentlichkeit, für die man ein spezifisches Stadttheater machen könnte. Das Frankfurter Theater am Turm, international beachtet und gelobt, gehört unter den Spezialisten eindeutig zu den innovativsten Spielstätten in Deutschland. Deutlich läßt sich hier die Internationalisierung von Theater durch Co-Produktionen unter anderem mit den Wiener Festwochen und dem Kaaitheater in Brüssel ablesen. Ob es die belgische Tanzavantgarde eines Jan Fabre und Jan Lauwers ist, die New Yorker Wooster Group oder die Eigenproduktionen von Elke Lang, Christof Nel, Michael Simon und Heiner Goebbels – gemeinsam ist allen die Suche nach dem, was Theater in der Medienkonkurrenz ein eigenes, unverwechselbares Profil gibt. Radikale Raumexperimente und offene Inszenierungskonzepte gehen einher mit einer rigorosen Befragung der Theatermittel – so, wie schon 1966 Peter Handkes »Publikumsbeschimpfung« im TAT in der Regie von Claus Peymann für weltweites Aufsehen sorgte. Das TAT ist wieder ein Ort der Auseinandersetzung über Theater geworden und stützt sich dabei immer mehr auf junge Regisseure: mit einer neuen Probebühne in der Daimlerstraße als Tummelplatz für den Nachwuchs.

Theater am Turm, Eschersheimer Landstr. 2, 6000 Frankfurt 1, Tel. 069/ 1545-110
Eintrittspreise: 24 DM, ermäßigt 16 Mark

 Wi 30 min; Fu 90 min; Ka 120 min; Gi 45 min; Da 30 min;

Setzt internationale Maßstäbe: Das Frankfurter Theater am Turm: hier mit einer Inszenierung von Christof Nel.

Der Tigerpalast in Frankfurt
Das Großstadt-Varieté

Willkommen im Tigerpalast in Frankfurt, dem einzigen privaten Varieté in Deutschland, in dem sich Artisten von internationalem Rang und Namen ein Stelldichein geben. Fan Yang aus Vietnam verwandelt mit seiner Seifenblasenoper den Varietésaal in einen Fantasieort, Johanne Martin wirbelt am Vertikalseil über den Köpfen des staunenden Publikums. Und seit über 50 Jahren steht schon Francis Brunn auf der Bühne und jongliert noch immer wie ein junger Gott. Nathalie Enterline, Star aus dem Pariser Lido, wirbelt federleicht und frech als Charlie Chaplin über die Bühne. Der Ex-Sponti Johnny Klinke, der sich schon '68 mehr für Parties als für politische Pamphlete interessierte, schuf eine Institution, die dazu beitrug, das Varieté vor dem Untergang zu bewahren. Mit dem Zweiten Weltkrieg und der danach aufkommenden Fernsehkultur gingen die großen Unterhaltungspaläste der 20er und 30er Jahre zugrunde. Was vom Varieté übrig blieb, verkam zur Busenshow. Mit dem Tigerpalast hat Frankfurt ein Stück attraktives Nachtleben zurückbekommen. Angelockt vom Interieur der Maler und Grafiker Christian und Thomas Röder (Azurblau dominiert), kennt das Publikum hier weder Alters- noch Standesgrenzen. Bis zu 150 Gäste sitzen an kleinen runden Tischen und erleben die Artisten hautnah. Mit Galashows von Darmstadt über Kassel bis Leipzig präsentiert der Tigerpalast sein Programm unter Beifallstürmen. Für den späten Hunger gibt es im Untergeschoß des ehemaligen Heilsarmeestützpunkts eine Bar und ein Restaurant, das ab 17.30 Uhr ein exzellentes Dinner serviert und nach 24 Uhr bis 3 Uhr morgens früh noch immer eine vorzügliche Speisekarte präsentiert.
Tigerpalast, Heiligkreuzgasse 16-20, 6000 Frankfurt 1, Tel. 069/ 20770,
Show Di-Sa 20 Uhr, Do-Sa auch 23.30 Uhr.
Eintritt: 45 DM

 Wi 30 min; Fu 90 min; Ka 120 min; Gi 45 min; Da 30 min.

Ballett Frankfurt
Forsythe International

Die Bräute aus Giselle sind längst tot, die Schwäne allesamt im See ertrunken. Das klassische Handlungsballett wurde mit dem Tutu in den Schrank gehängt. Wie kaum ein anderer Choreograph hat William Forsythe die Bewegungssprache des Balletts revolutioniert, den Kanon aufgelöst und die Grenzen zwischen klassischem Ballett, Modern und Tanztheater außer Kraft gesetzt. Hier werden keine vorgestanzten Schablonen möglichst perfekt dargeboten, sondern die Körper der Tänzer und Tänzerinnen unermüdlich gedehnt und zergliedert, bis daraus ein neues, sich ständig veränderndes Bewegungsvokabular entsteht. Seine kritische Befragung des Balletts führte Forsythe an die Grenze von Tanz und Sprechtheater, zur Parodie und schließlich sogar in Verbindung mit neueren Architekturtheorien zu einer Erkundung des Lichts und des Raumes. Seine Ballette leben nicht zuletzt vom Witz und der Persönlichkeit der Compagnie, die das Material für Forsythes archäologische Schichtungen in unermüdlicher Improvisationsarbeit bereitstellt und prägt. Nicht zuletzt ist es Forsythes Verdienst, im akademischen Bereich für einen gewissen Fortschritt gesorgt zu haben – denn selbst im tanztheoretischen Fach ist er auf der Höhe der Zeit. Regelmäßige Gastspiele in Paris und den Vereinigten Staaten waren nur die Konsequenz: Das Ballett Frankfurt gehört unumstritten zur Weltspitze.
Ballett Frankfurt, Am Theaterplatz, 6000 Frankfurt 1, Tel. 069/ 236061

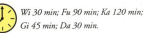 *Wi 30 min; Fu 90 min; Ka 120 min; Gi 45 min; Da 30 min.*

Gerdas kleine Weltbühne in Mühlheim
Travestie für die ganze Familie

Mitten in Mühlheim am Main direkt neben der Kirche öffnet Gerdas kleine Weltbühne allabendlich ihre Pforten zum Himmelreich. Im akzentfreien Hessisch begrüßen die »herr«-lichen Damen Gerda Ballon und Jutta P. zu Travestie und Tuntentanz vom Feinsten. Ihre Welt ist kaum größer als ein Wohnzimmer. Die Wände und Decke sind mit blauem Stoff bespannt, auf den Tischen flackern Glühbirnen wie Kerzen, und an der Decke dreht sich einsam ein Minikronleuchter. Evita hebt hier flehend ihre Hände und das Phantom der Oper treibt inmitten greller Lichteffekte sein Unwesen. Aus einem Repertoire von Parodien und Musiknummern stellen Gerda B. und Jutta P. ein monatlich wechselndes Programm zusammen, das an Lebendigkeit und Professionalität nichts zu wünschen läßt. Die Show ist ehrlich, direkt und voll kessem Gequassel, das garantiert unter die Gürtellinie des Zuschauers zielt. Angefangen hat alles vor 17 Jahren. Die kleine Weltbühne war noch eine kleine Kneipe, Travestie gab es auf zwei Brettern und zwei Colakisten. Stück für Stück wurde umgebaut und professionalisiert. »Wir sind kein Animierbetrieb mit Laufpublikum wie in den Großstädten«, sagt Jutta P. Nach einigem Widerstand der Mühlheimer gegen derartige Umtriebe sitzen die Mühlheimer nun selbst bei Gerda an der Bar. »Wir haben ein ganz normales Familienpublikum«, sagt sie. Muttis, laßt die Söhne und Töchter raus. Die Damen beißen nicht, auch wenn sie kräftig bellen.
Gerdas Kleine Weltbühne, 6052 Mühlheim a.M., Offenbacher Str. 11, Tel. 06108/ 75491 (Reservierung erforderlich), Mi-So, 20 Uhr. Eintrittspreise: 20 DM

F 30 min; Wi 60 min; Fu 90 min; Ka 120 min; Gi 75 min; Da 30 min;

Kammeroper Frankfurt
Der intime Opernschmaus

Seit neun Jahren pflegt Regisseur Rainer Prudenz mit einem festen Stab von künstlerischen Mitarbeitern das von den großen Häusern vernachlässigte Kammeropern-Repertoire und hebt es wieder ins Bewußtsein der Musikliebhaber. Ähnlich wie das Kammerspiel lebt das Genre Kammeroper von der Intimität der Atmosphäre und dem Zusammenspiel der Sänger, die sich nicht einfach an die Rampe flüchten können, um eine Arie zu schmettern. Motivation ist gefragt, sowohl bei der Handlung als auch bei den Sängern, die nicht, wie im Opern-Jet-Set, schnell mal eingeflogen werden und wenig Interesse am Stück und ihrer Partie bekunden. Drei Stücke vom Barock über die Klassik hin zur Moderne produziert die Kammeroper im Jahr. Dabei wechseln die Spielorte vom schönen Neobarocksaal der »Loge zur Einigkeit« in der Frankfurter Kaiserstraße (»für die großen Produktionen mit 6-8 Sängern«) zum Finkenhof in der Finkenhofstraße mit einer 4-mal-4-Meter-Bühne, auf der mehr als vier Sänger auch keinen Platz hätten. Im Gegensatz zu den zwei oder drei anderen Kammeropern in Deutschland ist die Frankfurter Kammeroper keine »Spießerbelustigung«, sondern der ernsthafte Versuch, nach den Perlen unter den kleinen Opern zu fischen und sie zeitgemäß auf einem hohen Niveau zu realisieren.
Kammeroper Frankfurt, Nordendstr. 60, 6000 Frankfurt 1, Tel. 069/ 556189

Wi 30 min; Fu 90 min; Ka 120 min; Gi 45 min; Da 30 min;

Fresche Keller in Ortenberg
Hans Schwabs eigene Tour

Auf dem Grund des Ortenberger Steinbruchs nimmt das Publikum in Liegestühlen Platz. Es ist fast dunkel, die Lautsprecher knacken, wir heben ab zu einer Reise auf den Mond. Texte von Astronauten werden gelesen, die die Erde vom Weltraum aus zum ersten Mal als Ganzes sahen. Der mit Goldfolie beklebte Bagger sieht im blauen Scheinwerferlicht un-

Das große Comeback des Varieté-Theaters: der Tigerpalast in Frankfurt

wirklich aus wie eine Mondfähre. Der Steinbruch als grenzenloser Ort der Fantasie. Vor zwei Jahren mietete Hans Schwab die Klosterkirche in Ortenberg und plazierte die Gäste an einer langen Tafel. Er las und spielte Texte über das spätromantische Grauen des 19. Jahrhunderts. Davon erzählt das Dorf noch heute. Bis Mitte der achtziger Jahre tourte Schwab mit einem Zelt-Theater durch die Lande und blieb in Ortenberg hängen. Seit 1987 betreibt er in einem ehemaligen Bäckerei-Keller seine Kleinkunstbühne, den »Fresche Keller«. Der Einzelkämpfer Schwab ist Künstler, Organisator, Schauspieler – alles auf einmal. Seine ungewöhnlichen Ideen und Aktionen setzt er ohne Rückendeckung großer Institutionen durch und stößt auf große Unterstützung und reges Interesse der Bevölkerung.
Fresche Keller, Alte Marktstraße 40, 6467 Ortenberg, Tel. 06046/ 7760

F 45 min; Wi 75 min; Fu 75 min; Ka 150 min; Gi 30 min; Da 75 min.

Theaterwerkstatt Marburg im TNT
Freies Theater vom Feinsten

Wer das ehemalige Gaswerk auf den Afföllerwiesen in Marburg betritt, findet im Kesselraum den Ort der Marburger Theaterwerkstatt, die seit knapp zehn Jahren als professionelles Ensemble dort arbeitet. Die sechs Mitglieder, dazu kommen noch Techniker, zeichnen abwechselnd für Schauspiel und Regie verantwortlich. Allein auf weiter Flur versorgen sie den oberhessischen Raum mit ambitioniertem und anspruchsvollem Theater jenseits des konventionellen Stadttheaterbetriebs. Durch zahlreiche Gastspiele im In- und Ausland sowie durch Einladungen zu Festivals ist die Theaterwerkstatt längst auch überregional bekannt geworden. Bereits die Titel ihrer Produktionen verraten es: »Abend. Die Stadt in der Ferne. Marie und Woyzeck.« über Büchner oder »Was vergeht wie Tage« verweisen auf den Kollektiv- und Experimentcharakter der Inszenierungen, die die jeweiligen Stücktexte nur als Vorlage benutzen, um sie mit heutigen Erfahrungen anzureichern. Verstörende Traumbilder voll suggestiver Kraft bilden ein Netzwerk voll spannen-

der Assoziationen, denen man sich nur selten entziehen mag. Die Dynamik der Theaterarbeit in ihrem Theater Neben dem Turm findet eine breite Akzeptanz beim Publikum und zieht längst nicht mehr nur Studenten aus Marburg an.
*Theaterwerkstatt Marburg im TNT, Afföllerwiesen 3, 3550 Marburg, Tel. 06421/ 62582
Anfahrt: Am Bahnhof, von der Neuen Kasseler Straße links in die Schlosserstraße und dem Schild »Messegelände« folgen.*

 F 75 min; Wi 105 min; Fu 75 min; Ka 75 min; Gi 30 min; Da 105 min.

Groschenoper
Dinner-Show for two

Von draußen wirkt es schon sehr amerikanisch: Neon in bluepink, eine steile Treppe, ein schmaler Eingang – Clubs in Manhattan sehen ähnlich aus. Downstairs schälen Sie beflissene Bedienstete sogleich aus Ihrem Jäckchen. Der Hausherr persönlich geleitet Sie an den Tisch und veranlaßt, daß der Aperitif kredenzt wird. Und das in Wiesbaden, ein Club wie in Manhattan, downstairs und mit einer Dinner-Show vom Feinsten. Nur vom Namen dürfen Sie sich nicht irreleiten lassen: Die Groschenoper kostet schon ein paar Märker. Aber die Investition lohnt sich. Bei Candlelight servieren flinke Kellner erst einen dreigängigen Aperitif, dann das Menü. Aus dezenter Clubmusik wird ab 21.30 Uhr Live-Cabaret. Am Klavier: Russell Bobby Evans, 81, der schon 1929 mit Fats Waller im New Yorker Cotton-Club gespielt hat. Mit auf der Bühne: Broadway-Stars, internationale Jazz-, Blues- und Soul-Interpreten, Neuentdeckungen aus den Staaten. You'll enjoy it – auch, wenn Sie kein Pärchen sind. Weltstädtisches Entertainment und kulinarischer Genuß – was der Tigerpalast für Frankfurt, ist die Groschenoper für Wiesbaden.
*Groschenoper Wiesbaden, Rheinstraße 80, Tel. 0611/ 30 66 40, Öffnungszeiten: Restaurant Mo-Do 18.00-1.00 Uhr, Bistro Mo-Sa 18.00-1.00 Uhr,
Dinner-Show Do-Sa ab 20.00 Uhr.
Preise: Dinner-Show-Ticket: 95 DM, das Nur-Show-Ticket: 45 DM.*

F 30 min; Fu 120 min; Ka 150 min; Gi 60 min; Da 30 min.

Burgfestspiele Eppstein
Volk gegen Adel

Die Eppsteiner Burgfestspiele gehören zu den traditionsreichsten Festspielen in Hessen, neben Dreieichenhain, Bad Vilbel und Bad Hersfeld. Jeden Sommer Theaterfeste unter freiem Himmel. Das begann in Eppstein bereits 1896. Fürst Christian Ernst zu Stolberg ließ das Gemäuer der Burg Eppstein restaurieren, um es der Öffentlichkeit zugänglich zu machen. Der großen Zeit des Adels sollte gedacht werden, so nahm er sich's vor, und ein großes historisches Schauspiel sollte inszeniert

Travestie sehr herzlich: Gerdas kleine Weltbühne

werden, um der Burg die nötige Weihe zu verleihen. »Ein Lehnstag auf Burg Eppstein« hieß das Spektakel, das 1913 ganze 280 Darsteller im Innenhof der Burg versammelte. Aber aus der Adelsfeier wurde schnell ein Volks- und Bürgertheater. Nur der schon von Anbeginn bewährten Mischung von Laiendarstellern und Profis sind die Eppsteiner Burgfestspiele bis heute treu geblieben. Das Programm mit seinem typisch volkstümlichen Charme bestreiten sie zusammen mit dem Frankfurter Volkstheater, das den hessischen Witz und die Nähe zum Volk wie kein anderes Theater zum Ausdruck bringt. Von Adel kein Spur mehr. Das Volk hat die Burg in Besitz genommen und

feiert sich im idyllischen Lorsbachtal in alter romantischer Weise selbst.
*Saison Ende Juni bis Mitte Juli
Info: Kulturamt, Herr Reinisch, 6239 Eppstein, Tel. 06198/ 305110. Eintrittspreise: 10 DM*

 F 30 min; Wi 15 min; Fd 120 min; Ks 135 min; Gi 45 min; Da 60 min.

Die Schmiere in Frankfurt
Das schlechteste Theater der Welt

Das schlechteste Theater der Welt, wie sich das Kabarett »Die Schmiere« selbst nennt, läuft nach wie vor wie geschmiert. Im Keller des alten Karmeliterklosters wird immer noch der Aufstand geprobt, als sei die Zeit in den fünfziger Jahren stehengeblieben, als man sich noch in kabarettistischer Form gegen die bürgerliche Wohlanständigkeit der Adenauerrepublik zur Wehr setzte. Die Inhalte und das Ensemble haben gewechselt, doch die Form ist geblieben. 39 Jahre leitete Rudolf Rolfs als Prinzipal das Kabarett, bevor er sich 1989 zur Ruhe setzte. »Die Erben« haben die Nachfolge angetreten und balsamieren das Kabarett der Gründerzeit kräftig ein. Vor Verfall schützen oder die Nostalgie der alternativen Gemütlichkeit, die blind ist für ihre eigene Spießigkeit. Der Pappdeckel mit der Aufschrift »Vorhang« ziert weiterhin die Bühne. Die zusammengestoppelten Sitzmöbel verheißen Untergrund. Aber im Publikum sitzen genauso Touristen aus Berlin wie Bankiers aus Frankfurt – richtig subversiv ist es natürlich nicht, aber komisch allemal. Die Frankfurter selbst führen ihre Gäste mit Vorliebe in die »Schmiere«. Machen Sie die Reise in die Vergangenheit mit und besuchen Sie »Die Schmiere«, weil es das einzige Theater ist, das den Titel »Das schlechteste Theater der Welt« auch wirklich verdient hat. In der mittlerweile 42. Spielzeit – das ist eine in nicht nur in Hessen, auch in Deutschland weiß Gott einmalige Leistung.
*Die Schmiere, Im Karmeliterkloster, Nähe Theaterplatz, 6000 Frankfurt 1, Tel. 069/ 281066. Gespielt wird täglich außer Montag.
Eintritt: 10 DM, ermäßigt 6 DM*

 Wi 30 min; Fu 90 min; Ka 120 min; Gi 45 min; Da 30 min;

Die 10 berühmtesten Hessen

1. **Günther Strack**, Leib- und Magen-Ergründer, man gönnt sich ja sonst nichts.

2. **Heinz Schenk**, Fernsehunterhalter, der Vater des Bembels.

3. **Daniel Cohn-Bendit**, Dezernent, rothaariger Linksaußen am Multikulti-Ball.

4. **Michael Groß**, Schwimm-As, der spurschnelle Albatros mit Weltruhm

5. **Liesel Christ**, Volksschauspielerin, babbele wie de Schnabbel gewachse is.

6. **Marcel Reich-Ranicki**, Literaturpapst, wer hat Angst vor'm schwarzen Mann?

7. **Karin Tietze-Ludwig**, Lottofee, und ewig strahlt die Glücksgöttin.

8. **Charly Körbel**, Torjäger, und noch immer die treue Seele der Eintracht.

9. **Peter Härtling**, Schriftsteller, preisgekrönter Kämpfer für Außenseiter.

10. **Albert Mangelsdorff**, Jazzmusiker, Posaunist von Weltformat.

Museen

Die 10 spannendsten Museen

1 **Mathildenhöhe in Darmstadt** Das schönste Museum

2 **Museum für Moderne Kunst, Frankfurt** Die Neuste vom Neuen

3 **Kutschen- und Wagenmuseum** Eine Ausfahrt im Museumsstück

4 **Kindheitsmuseum** Die Kinder haben auch ein Museum

5 **Das Fluxeum** Die verrückteste Kunst heißt Fluxus

6 **Das Frankfurter Museumsufer** Kunstbummeln ohne Ende

7 **Tapetenmusem** Schiller fragt Goethe, welche Bordüren

8 **Stadtmuseum Rüsselsheim** Opel läßt die Arbeiter sprechen

9 **Die Neue Galerie in Kassel** Was die documenta übrigließ

10 **Das Landsmuseum Darmstadt** Hessens vollstes Museum

von Dorothea Lauen (Text) und Hanns-Christoph Eisenhardt (Fotos)

In Hessens Museen können Sie durch großartige Ausstellungen flanieren, den Museumsbesuch mit einem bezaubernden Cappuccino krönen und sogar mit einer Kutsche vorfahren (in Lohfelden). Denn Hessens Kunsttempel setzen auf Erlebniswert.

Kühl, hell und vor allem aktuell: das Museum für Moderne Kunst in Frankfurt.

Die Mathildenhöhe in Darmstadt

Das schönste Museum

"Seine Welt zeige der Künstler, die niemals war noch jemals sein wird.« Diese Inschrift steht am Portal des ehemaligen Ateliergebäudes der Künstlerkolonie und heutigem Museum. Wer an Darmstadt denkt, denkt meist gleich an die Mathildenhöhe, dem Wirkungszentrum von Architektur und Design zu Beginn des 20. Jahrhunderts, dem Mekka des deutschen Jugendstils. Mathildenhöhe bedeutet nicht nur Museumsbesuch. Auf Darmstadts Musenhügel begegnet dem Besucher auf jedem Schritt die Kunstgeschichte. Im Platanenhain kann er lustwandeln, den Hochzeitsturm besteigen oder an den ehemaligen Wohnhäusern der Künstler unterhalb des Museums flanieren. Im Museum selbst wird ein Querschnitt durch das Schaffen der Künstlerkolonie mit Gegenständen des täglichen Gebrauchs, wie Möbeln und Geschirr, Schmuck und Kleinode dargeboten. Darüber hinaus finden Atelierausstellungen zur Thematik der Design- und Architekturgeschichte statt. In dem in Jugendstil gehaltenen Café im großen Ausstellungsgebäude sind die schönen Fensterplätze meist besetzt. An schönen Sommertagen läßt sich auch draußen gut sitzen.

Museum der Künstlerkolonie, Darmstadt, geöffnet Di-So 10-17 Uhr Eintritt: 5,- DM, ermäßigt 2,- DM

 F 30 min; Wi 30 min; Fu 120 min; Ka 180 min; Gi 60 min.

Museum für Moderne Kunst in Frankfurt

Das Neuste vom Neuen

Frisch eröffnet, ist es das erste eigenständige Museum nur für die Gegenwartskunst. Die dreieckige Gebäudeform bietet im Innern eine Vielzahl der unterschiedlichsten Raumeinheiten und perspektivischen Ansichten. Fast entsteht der Eindruck eines Labyrinths, durch das der Besucher zu den einzelnen Werkgruppen zeitgenössischer Künstler der letzten 30 Jahre geführt wird. Natürlich darf Joseph Beuys nicht fehlen. Er ist mit seinem Environment »Blitzschlag mit Lichtschein auf Hirsch« vertreten. Roy Lichtenstein und Andy Warhol gehören schon fast zu den Klassikern. Beeindruckend ist auch Katharina Fritschs schwarzgekleidete Tischgesellschaft. Sichtlich lebhafter als bei diesem Werk geht es in dem Museumscafé neben dem Haupteingang zu.

6000 Frankfurt, zwischen Berliner Straße und Braubachstraße, geöffnet Di-So 10-17 Uhr und Mi bis 20 Uhr, Eintritt frei.

 Wi 30 min; Fu 90 min; Ka 120 min; Gi 45 min; Da 30 min.

Kutschen und Wagenmuseum

Eine Ausfahrt im Museumsstück

Ein nostalgisches Erlebnis ganz besonderer Art erwartet einen im Kutschen- und Wagenmuseum in Lohfelden bei Kassel. Hier kann man, nach vorheriger Anmeldung, Kutschfahrten mit original erhaltenen Pferdewagen vom Dorfrand aus ins benachbarte Waldgebiet unternehmen. Eine Fahrt ins Grüne – die unsere Urgroßeltern noch als gewöhnlich empfunden hätten. Etwa zwei Stunden dauert eine Strecke. Nach dem Ausflug kann man sich im »Bürgerhaus« im neuen Ortszentrum, direkt am See, stärken. Das Museum selbst ist in der ehemaligen Dorfkirche untergebracht. Neben einem Fuhrpark von etwa 30 historischen Modellen wie Gigs, Landauer, einer Barouch, Phaetons und Landaulets sind auch eine originalgetreue Schmiedewerk-

statt, eine Sattlerwerkstatt und eine Stellmacherwerkstatt zu besichtigen.
Lohfelden bei Kassel, Friedrich-Ebert-Ring 14, geöffnet So 15-17 Uhr und nach Vereinbarung, Tel. 0561/ 516894, Eintritt: 3,- DM.

 F 150 min; Wi 150 min; Fu 120 min; Ka 20 min; Gi 120 min; Da 180 min.

Kindheitsmuseum

Die Kinder haben auch ein Museum

Eigentlich ist es zu klein für ein richtiges Museum. Aber es ist in erster Linie ja auch für die kleinen Besucher gedacht. Und die sollen nicht nur durch die Räume laufen und sich anschauen, wie ein Kinderzimmer oder ein Klassenzimmer vor hundert Jahren aussah – Mitarbeit ist hier angesagt. Es ist das Anliegen des Ehepaares Hyams, die das Kindheitsmuseum 1979 in Marburg gründeten, Kindern Geschichte nicht nur museal, sondern vor allem durch Geschichten, Märchen und in Dialogen näherzubringen. Zielgruppe des Museums sind darum hauptsächlich Schulklassen. Und ein bißchen geht es hier auch zu wie in der Schule, nur bei weitem nicht so trocken. Zu jedem Museumsbesuch gehört eine einführende »Märchenstunde«, in der den Kindern praktisch demonstriert wird, z. B. wie aus Flachs Leinen hergestellt wurde. Untermalt werden diese Vorführungen mit Grimmschen Märchen in der Urfassung. Da diese Form der Präsentation sehr aufwendig ist, muß man sich vorher anmelden. Oder sonntags von 10-13 Uhr hierher kommen.
Marburg, Barfüßer Tor 5, Tel. 06421/ 24424 Führungen: 2,- DM, Sonntag. Eintritt frei

 F 75 min; Wi 105 min; Fu 75 min; Ka 75 min; Gi 30 min; Da 110 min.

Fluxeum

Die verrückteste Kunst heißt Fluxus

Etwas bizarr sieht sie schon aus, die mit Graffiti »verzierte« kleine Dorfkirche mitten in Wiesbaden Erbenheim. Hier sammelt das Ehepaar Berger Installationen und Objekte vergangener Fluxus-Aktionen. Wo einst wohl die Kirchenorgel stand, ertönen heute, zumindest bei Sonnenschein, mit Solar angetriebene Musikinstrumente. An der Stelle des Altars steht die »V-yramide« von Nam June Paik, ein Objekt aus übereinander gestapelten Fernsehern. Das »Fluxeum«, eine Wortkreation aus Fluxus und Museum, versteht sich mehr als Kunst-Depot, denn als Museum. Fluxus-Arbeiten sind keine musealen Erzeugnisse. In der Aktion liegt die Kunst – und das Vergnügen.
Wiesbaden, Wandersmannstraße 2b, geöffnet jeden ersten Sonntag im Monat 10-16 Uhr, der Eintritt ist frei.

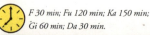 *F 30 min; Fu 120 min; Ka 150 min; Gi 60 min; Da 30 min.*

Die Geschichte der Kindheit: im Marburger Kindheitsmuseum

Eine unglaubliche Sammlung verrückter Kunst: das Fluxeum in Wiesbaden.

Frankfurter Museumsufer

Kunstbummel ohne Ende

Postmoderne Bauten neben klassizistischen, alten Villen laden ein zu einem Spaziergang am Frankfurter Museumsufer. Von West nach Ost: Hier stehen sie, fein nebeneinander aufgereiht, die alten und neuen Schmuckstücke der Stadt. In einer alten Villa befindet sich das Museum alter Plastik, und direkt daneben das traditionsreichste und älteste Museum Frankfurts, das Städel mit seiner dominanten Kuppel und den ausladenden Flügelbauten. Es beherbergt die bedeutendste deutsche Gemäldesammlung des 13.-20. Jahrhunderts mit wechselnden Ausstellungen im Erdgeschoß. Der Weg führt weiter zum Postmuseum. Interessant vor allem für Technik-Freaks, aber auch für Liebhaber filigran-moderner Architektur. Ein Museum ganz besonderer Art ist das Deutsche Architekturmuseum. Hier wird die alte Gründerzeitvilla durch eine Glasgalerie, die sie im Erdgeschoß umgibt, selbst zum Ausstellungsstück. Im Innern befindet sich ein – wie es sich für ein Architekturmuseum gehört – »Haus im Haus«. Das Deutsche Filmmuseum direkt nebenan lockt vor allem Cineasten mit einem Hang für die Anfänge des Films. Attraktiv durch seine umfangreiche Präsenzbibliothek und das Kommunale Kino. Die Schweizerstraße überquerend, gelangt man zum Völkerkundemuseum mit seinen ethnographischen Sammlungen. Und das letzte, auch architektonisch beeindruckende Museum ist das für Kunsthandwerk. Umgeben von weißen Glasfassaden stehen hier Kostbarkeiten des europäischen, ostasiatischen und islamischen Kunstgewerbes. Einen besonderen Reiz bietet das Café im Erdgeschoß mit seiner Sommerterrasse im Park.
Schaumainkai, Frankfurt, alle Museen sind geöffnet Di-So 10-17 Uhr und Mi bis 20 Uhr

 Wi 30 min; Fu 90 min; Ka 120 min; Gi 45 min; Da 30 min

Deutsches Tapetenmuseum

Schiller fragt Goethe, welche Bordüren

Was paßt besser zu grüner Tapete – Rosenbordüren oder einfache rosa Bordüre? Geschmacksverirrung, meinen Sie? Nein. Schiller bestellte über Goethe solche neuen Tapeten. Wie sich Schiller nun entschied und welche ihm Goethe schickte, erfährt man im Deutschen Tapetenmuseum in Kassel, das im ersten Stock des Landesmuseums untergebracht ist. Es ist auf der Welt das einzige seiner Art. Außer den »Tapeten um Goethe« findet man Themenkreise wie »Gesellschaftliche Bereiche im Spiegel der Tapete« oder »Weltliteratur auf Tapete«. Hier spiegeln sich die Träume und Wünsche früherer Generationen, gebannt auf papierene Wandbekleidungen. Abwechslungsreich verschachtelte Räume ermöglichen die unterschiedlichsten Blickperspektiven: durch verschiebbare Stellwände, Rotunden und kleine Aussichtstürme mit Panoramatapeten. Ein Plausch im weit unopulenteren Café Postillon schräg gegenüber des Landesmuseums bietet eine wunderbare Möglichkeit zum Ausruhen nach dem Rundgang. Oder man schaut sich noch die anderen, ebenfalls lohnenden Abteilungen des Landesmuseums an.
Im Hessischen Landesmuseum, 3500 Kassel, Brüder-Grimm-Platz 5, geöffnet Di-Fr 10-17 Uhr, Sa + So 10-13 Uhr

 F 120 min; Wi 150 min; Fu 75 min; Gi 90 min; Da 150 min.

Stadtmuseum Rüsselsheim
Opel läßt die Arbeiter sprechen

Eingebettet in die alte Festungsanlage liegt das Museum der Stadt Rüsselsheim. Ratternde Nähmaschinen, tuckernde Motoren und eine zum Leben erweckte Wagnerei versetzen den Besucher in die Zeit der Ahnen und Urahnen. Von der Steinzeit zum Industriezeitalter mit den Nähmaschinen, Fahrrädern und Automobilen des Adam Opel wird hier die Kultur- und Sozialgeschichte auch der Stadt dokumentiert. Der Schwerpunkt liegt vor allem in der Darstellung der sich verändernden Arbeitsverhältnisse und deren sozialer Folgen. Bewegliche Inszenierungen vor großen Fotoleinwänden, wie etwa bei der nachgestellten Wagnerwerkstatt-Szene – hier kann man durch Knopfdruck die Maschinen in Gang setzen – zeigen anschaulich das Gegenüber von handwerklicher Fertigung und maschineller Produktion. Nicht Kunstschätze, sondern die Menschen und ihre dem Wandel der politischen, wirtschaftlichen und sozialen Strukturen unterliegenden Lebensverhältnisse stehen hier im Vordergrund. 1980 erhielt das Museum dafür den Preis des Europarates. Im Vorraum des Museums gibt es die Möglichkeit, für nur eine Mark Kaffee zu trinken.
Hauptmann-Scheuermann-Weg 4, geöffnet Di-Fr 9-12.30 Uhr und 14.30-17 Uhr, Sa und So 10-13 Uhr und 14-17 Uhr. Eintritt frei.

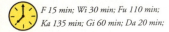 F 15 min; Wi 30 min; Fu 110 min; Ka 135 min; Gi 60 min; Da 20 min;

Neue Galerie
Was die documenta übrigließ

In einer Stadt wie Kassel, die alle vier bis fünf Jahre die documenta und somit eine der größten Ausstellungen aktueller Kunst beherbergt, darf auch ein dazugehöriges Museum, das zumindest einen Teil der Kunstwerke in seine ständige Sammlung aufnimmt, nicht fehlen. In der Neuen Galerie an der Karlsaue mit den Staatlichen und Städtischen Kunstsammlungen findet man die Kunst der Gegenwart in einer der repräsentativsten Werkschauen der Bundesrepublik Deutschland. So sind unter anderem Arbeiten von Per Kirkeby, Gerhard Richter, Mimmo Palladino vertreten. Zu sehen sind auch Mario Merz' berühmte »L'isola« und Christos Fotocollagen und Lagepläne zu seinem Projekt »Verpackte Luft«. Ein separater Raum ist Joseph Beuys gewidmet: Schon gleich hinter der Eingangshalle stößt man auf sein Objekt »Rudel«, einen VW-Bus mit Hundeschlitten. Neben den Werken deutscher Gegenwartskunst bietet das Museum einen Überblick über die Malerei und Plastik seit 1750 unter Einbeziehung Kassler Künstler, insbesondere Tischbeins. Es bildet damit einen direkten Anschluß an die Gemäldegalerie Alter Meister im Schloß Wilhelmshöhe. Eine weitere Spezialität Kassels ganz anderer Art, die »ahle worschd«, findet man gegenüber im Café der »Galerie im Hölke'schen Haus«.
Staatliche und Städtische Kunstsammlungen, Schöne Aussicht 1, Kassel, Di-So 10-17 Uhr. Eintritt frei

F 120 min; Wi 150 min; Fu 75 min; Gi 90 min; Da 150 min;

Hessisches Landesmuseum
Hessens vollstes Museum

Eine Museumslandschaft, die ihresgleichen sucht: die Mathildenhöhe in Darmstadt.

Das Hessische Landesmuseum ist ein Museum im alten Stil. Hier findet man alles – von den ersten archäologischen Funden bis hin zur Kunst des 20. Jahrhunderts, die in einem neuen Anbau untergebracht ist. Glasmalerei, Plastik und Kunsthandwerk sind im Untergeschoß ausgestellt. Dazu eine geologische, paläontologische, mineralogische und zoologische Sammlung. Die Abteilung für Kunsthandwerk zeigt Arbeiten einzelner Künstler des Jugendstils und bietet damit eine gute Ergänzung zur Mathildenhöhe. In der Cafeteria in der Eingangshalle kann man sich zwischen den einzelnen Abteilungen ausruhen.
Darmstadt, Friedensplatz 1, geöffnet Di-So 10-17 Und und Mi auch 19-21 Uhr. Eintritt frei.

 F 30 min; Wi 30 min; Fu 105 min; Ka 150 min; Gi 90 min;

Die 10 ältesten Fachwerkhäuser in Hessen

1 1291/92: Das älteste noch bestehende Fachwerkhaus der Welt steht in Frankfurt-Sachsenhausen, Schifferstraße 66 (ehemals Schellgasse 8, heute Parkhaus Walter-Kolb-Straße).

2 1296: Limburg an der Lahn, Römer 1, zweitältester Fachwerkbau der Bundesrepublik und ältestes bewohntes Fachwerkhaus.

3 1349: Gießen, Georg-Schlosser-Straße 2, ehemals Burgmannenhaus (Leibsches Haus), wiederaufgebaut und restauriert Mitte der 70er Jahre.

4 1351: Gelnhausen, Main-Kinzig-Kreis, Kuhgasse 5. Galt bis Mitte der 70er Jahre als das älteste erhaltene deutsche Fachwerkhaus, restauriert in den 60er Jahren.

5 1375: Alsfeld, Vogelsbergkreis, Hersfelder Straße 10-12. Ursprünglich ein Rauchhaus, die Sanierung wurde 1979 abgeschlossen.

6 Um 1400: Alsfeld, Vogelsbergkreis, Amthof 8. Die lokale Bauforschung datiert das Haus auf erst 1450.

7 Um 1400: Büdingen, Wetteraukreis, Kronengasse 14. Das vermutlich älteste Büdinger Fachwerkhaus, Herberge für Wanderburschen.

8 1458: Büdingen, Wetteraukreis, Rathaus. Letzte Restaurierung 1978, heute Museum und Sitzungssaal der Stadtverordneten.

9 1463: Gießen-Schiffenberg, Probstei, ehemals Augustiner-Chorherrenstift, restauriert um 1972.

10 1477: Das Haus Hirschberg 13 in Marburg zeigt, wie schwierig es ist, das präzise Alter von Fachwerkhäusern zu bestimmen. Die Balken stammen von 1321, der Dachstuhl aus dem Jahr des ersten Umbaus: 1477. Wiederaufgebaut wurde das zur Ruine verkommene Haus 1979.

KIRCHEN

Die 10 schönsten Kirchen

1 **Dom zu Wetzlar** Der Flexible
2 **Limburger Dom** Der Scheinheilige
3 **Fritzlarer Dom** Der Abseitige
4 **Kloster Eberbach** Der Star
5 **Griechische Kapelle Wiesbaden** Die Goldige
6 **Fuldarer Dom** Der Monumentale
7 **Frankfurter Dom** Der Kaiserliche
8 **Elisabethenkirche Marburg** Die Wundersame
9 **Frankfurter Paulskirche** Die Demokratische
10 **Klosterkirche Lippoldsberg** Die Standhafte

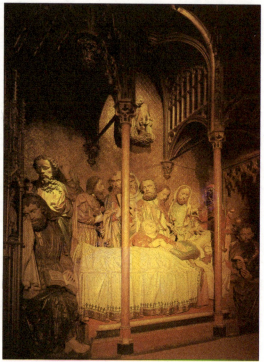

Verzaubernd: Maria Schlaf im Frankfurter Dom.

Von Johannes Bröckers (Text) und Hanns-Christoph Eisenhardt (Fotos)

Gleich, ob man Kirchen aus religiöser Überzeugung oder aus Kunstinteresse besucht: Hessens Kirchen sind für alle da. So hob der Wetzlarer Dom schon früh die Konfes-sionszugehörigkeit auf. Und die Frankfurter Paulskirche steht seit jeher schon der überparteilichen Politik offen.

Dom zu Wetzlar

Der Flexible

Seit dem 13. und 14. Jahrhundert fortwährend wechselnden Stil- und Geschmackswandlungen unterworfen, war der Wetzlarer Dom schon früh schon dazu prädestiniert, eine ganz besondere Kirche zu werden. Kaum ein Dom hat soviele Um- und Anbauten erfahren, wie der Wetzlarer, die Bauherren wie die verschiedenen konfessionellen Auftraggeber drückten sich über Jahrhunderte die Klinke in die Hand. So ist »St. Maria« ein architektonisches Kaleidoskop der Stilrichtungen geworden. Die fortwährenden interkonfessionellen Konflikte haben aber nicht nur zu dieser eindrucksvollen Architektur geführt. Der Wetzlarer Dom ist schließlich der einzige Dom in Deutschland geworden, den sich Katholiken und Protestanten samt Domschatz gemeinsam teilen.

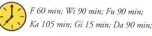 *F 60 min; Wi 90 min; Fu 90 min; Ka 105 min; Gi 15 min; Da 90 min;*

Limburger Dom

Der Scheinheilige

Millionen kennen ihn. Das Konterfei der Limburger Bischofskirche ist auf jedem 1000-Markschein abgebildet. Im Original betrachtet, hat dieses spätromanische Gotteshaus allerdings nichts »Schein«-Heiliges an sich. Im Gegenteil: Die Bauherren im beginnenden 13. Jahrhundert bewiesen bei der sakralen Inszenierung ihrer Stiftskirche ein glückliches Händchen. St. Georg ist ein Dom wie aus dem Bibelbilderbuch. Auf einem Fels über der Lahn gelegen, stellt sich die dreischiffige und siebentürmige Basilika als wuchtige Bischofsresidenz dar. Im Inneren hat man die mittelalterlichen Ausmalungen komplett von den Übertünschungen des 19. Jahrhunderts befreit – ein im deutschen Raum einmaliger Fund aus romanischer Zeit. Und anders als der Wetzlarer Dom gehört der Limburger Dom mit zu den einheitlichsten Sakralbauten, da er am nachhaltigsten den Übergang zwischen Romanik und Gotik mit dem Eindruck seiner architektonischen Einheitlichkeit überstanden hat.

 F 60 min; Wi 45 min; Fu 135 min; Ka 150 min; Gi 60 min; Da 90 min;

Fritzlarer Dom
Der Abseitige

Der heilige Bonifatius gründete 732 im damals fränkischen Kastell Fritzlar ein Kloster. Bis ins 11. Jahrhundert war die nordhessische Stadt Reichssitz mit einem Königshof, 919 wurde hier Heinrich I. zum deutschen König gewählt. Fritzlar war eine bedeutende Handelsstadt.Geblieben sind aus dieser alten Zeit zwölf von ehemals 40 Wehrtürmen und der dreischiffige Dom, der einen Abstecher ins nordhessische Land allemal wert ist. Die zwischen 1180 und 1215 errichtete Kirche ist eine wahre Schatzkammer. Gehütet wird unter anderem eine überlebensgroße Sitzfigur des Hl. Petrus aus dem 12. Jahrhundert. Eine »Verherrlichung Mariä« von 1320 nimmt die Ostwand des Süd-Querhauses ein, und in der Apsis steht ein reicher, barocker Hochaltar aus dem Jahre 1685. Der Kontrast wirkt um so gewaltiger, wenn man ein paar Kilometer weiter nordwestlich in Züschen die 20 Meter lange »Steinkiste« besucht, eine um 2000 v. Chr. angelegte heidnische Grabkammer, die samt figürlichen und geometrischen Ritzzeichnungen 1894 entdeckt wurde.

 F 105 min; Wi 135 min; Fu 60 min; Ka 30 min; Gi 75 min; Da 135 min.

Klein-Neuschwanstein: die Griechische Kapelle als russisch-orthodoxe Kirche in Wiesbaden.

Kloster Eberbach
Der Star

Berühmt wurde das Zisterzienserkloster Eberbach 1986, als Filmproduzent Bernd Eichinger die im 12. Jahrhundert erbaute Abtei zur Kulisse für seinen Klosterkrimi »Der Name der Rose« auserkor. Für wahre Genießer allerdings galt Eberbach schon vorher als Ort höchster Verzückung. Seit 1918 ist Eberbach staatliche Weinbaudomäne und auf dem 20 Hektar großen Weinberg gedeiht mit dem »Eberbacher Steinberg« ein echter Weltspitzenwein. Im Keltergebäude befand sich zuvor ein Hospital. Im Erdgeschoß zeugt heute ein Keltermuseum von der wechselvollen Geschichte. So wurde die Abtei nach der Aufhebung des Klosters 1803 durch die massive Bauweise zunächst als Strafanstalt genutzt. Darum blieb von der ursprünglich romanisch ausgestatteten Kreuzbasilika bis auf die festgemauerten Grabsteine der Mönche fast nichts erhalten. Nackt bietet es sich heute dar: Ein Kloster, das eine Künstlerkolonie beherbergt und Anlaufstelle für zahlreiche Touristen geworden ist, auch, weil seine Schlichtheit früherer Zisterzienserbaukunst sich sehr eindrucksvoll von sakralen Prachtbauten unterscheidet.

 F 75 min; Wi 75 min; Fu 135 min; Ka 180 min; Gi 105 min; Da 30 min.

Griechische Kapelle Wiesbaden

Die Goldige

Nur 19 Jahre alt war Elisabeth Michailowna, erste Frau des Herzogs Adolph von Nassau und Tochter des russischen Großfürsten Michael Pawlowitsch, als sie 1845 bei der Geburt ihres ersten Kindes starb. Der Witwer schickte daraufhin seinen Hofbaumeister Philipp Hoffmann umgehend nach Rußland, um sich dort mit der Kunst der Kirchenarchitektur vertraut zu machen. Ein einfacher Grabstein auf dem Wiesbadener Neroberg hätte den Schmerz des Herzogs nicht zu lindern vermocht. So ruht dort der Sarkophag mit den sterblichen Überresten der jungen Gemahlin seit 1855 in der »Griechischen Kapelle«, ein Name, der jedem, der die fünf vergoldeten Zwiebeltürme nur aus der Ferne sieht, schon äußerst spanisch vorkommen muß. Denn alles an dieser wunderschönen Kapelle ist russisch: Die Architektur, die den Altarraum abschirmende Ikonostasis mit den Heiligenbildern des Petersburger Hofmalers Neff und auch die Gottesdienste der kleinen russisch-orthodoxen Gemeinde in Wiesbaden. Zum Gold der Zwiebeltürme kommt noch Rot und Blau der Fenster – und bilden ein winziges,

Die Kirche als Hort der Karikatur: die Paulskirche in Frankfurt.

Wilhelm II. in Lebensgröße (oben) und vom Tod gezeichnet (unten): in der Elisabethenkirche Marburg.

aber ebenso heroisch von schwüler Fantasie geladenes Neuschwanstein aus Marmor, thronend auf Wiesbadens steilem Neroberg, der sich mit der Bergbahn erklimmen läßt.

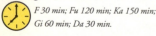 F 30 min; Fu 120 min; Ka 150 min; Gi 60 min; Da 30 min.

Fuldaer Dom

Der Monumentale

Im Jahre 754 wurde St. Bonifatius – Hessens bedeutendster Heiliger – von noch heidnischen Friesen erschlagen. Unter dem Hochaltar des Fuldaer Doms sollte er begraben liegen. Denn ihm zu Ehren wollte Fürstabt Adalbert von Schleifras ein »unvergängliches Denkmal« errichten lassen. Doch die unter Abt Ratgar zwischen 791 und 819 erbaute Rabtar-Basilika wurde im Jahre 1700 abgerissen. An Stelle des karolingischen Monumentalbau entstand ein repräsentativer Sakralbau, denn Fulda wuchs neben Limburg zur zweiten hessischen Bischofsstadt heran, ein Umstand, der indirekt immer noch auf Bonifatius und seiner engen Bindung zu Rom zurückzuführen war. Fulda war während der Barockzeit das hessische Zentrum des geistigen Lebens und der Kunst. Erhalten und besichtigenswert aus dieser Zeit sind vor allem seine südländische Architektur, sein barocker Prunk auch im Inneren, die staunenswerter Weise auf jede verspielte Dekoration verzichtet.

 F 90 min; Wi 120 min; Ka 75 min; Gi 75 min; Da 105 min.

Der Frankfurter Dom

Der Kaiserliche

Die Frankfurter Kirchengeschichte ist – anders als in den Bischofssitzen Limburg und Fulda – seit jeher enger mit der Politik als mit der römischen Kirche verbunden gewesen. Der Frankfurter Dom St. Bartholomäus hätte sich vom Kirchenstatus her eigentlich nur mit dem Status einer schlichten Pfarrkirche begnügen müssen. Nie hatte hier ein Bischof seinen Sitz bezogen. Doch boten die Frankfurter ihre 1269 vollendete, ehemals karolingische Stiftskirche 1562 als Kaiserdom an, in dem auch bis 1792 die Führer des Heiligen Römischen Reiches Deutscher Nation gewählt wurden. Die mächtige Krone, die das Kirchenschiff zu einem Achteck umschließt, könnte wie nachträglich von diesem Zweck der Kirche zeugen – zu einzigartig ist das achteckige Tonnengewölbe. Es bedingt unter anderem, daß der Frankfurter Dom beinah so lang wie breit ist – auch das eine Seltenheit. Die Frankfurter Tradition des Königmachens setzte sich 1848 in der Paulskirche fort: Aber nicht nur diese Weltlichkeit war früh das Frankfurter Verhältnis zu Kirchen. Weit vor den Wolkenkratzern war es der Dom, dessen 95 Meter hoher Westturm als architektonisches Meisterwerk der Gotik bewundert wurde und auf die damaligen Besucher der Stadt eine ähnliche Wirkung des Monumentalen ausüben sollte, wie es heute die Banken versuchen. Heute wirkt der Dom von der Schirnbebauung allerdings ins Abseits gedrängt. Und wer auch beim Eintritt in die Kirche auf den ersten Blick enttäuscht sein sollte, dem sei der sehr detaillierte, mit geheimnisvollem Zauber leuchtende »Maria-Schlaf-Altar« empfohlen, einer selten so inbrünstig und bewegten Szenerie der gestorbenen Maria, die, sich im »Kunstraum« befindet. Besonders sehenswert ist außerdem die monumentale Andachtsgruppe »Grablegung Christi« von 1435 in der Magdalenenkapelle im Querhaus.

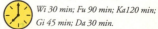 Wi 30 min; Fu 90 min; Ka120 min; Gi 45 min; Da 30 min.

Elisabethenkirche Marburg
Die Wundersame

Die Regentin Landgräfin Elisabeth von Thüringen hatte nicht nur in jungen Jahren ihren Gatten verloren, sie starb, nachdem sie dem Marburger Franziskanerorden beigetreten war, 1231 im zarten Alter von 24 Jahren. Ihre Beine wurden 1236 auf päpstlichen Geheiß in einen goldenen Reliquienschrein überführt – ihr Grab war bereits als wunderwirkend verehrt worden: Elisabeth wurde heilig gesprochen. Diesem Umstand verdankt Marburg seine Elisabethenkirche, eine der ersten voll ausgebildeten gotische und überdies frühesten Hallenkirchen in Deutschland. Die Bauherren der 1283 geweihten Kirche rechneten noch immer mit großen Pilger- und Wallfahrerströmen – so entstand die Hallenbauweise weniger aus Prunklust, sondern aus – »touristischer« – Weitsicht. Neben St. Elisabeth haben noch einige andere nach letzter Pilgerreise ihre Ruhe gefunden, wenn auch nicht unbedingt aus großer Affinität zur Heiligen. Wilhelm II., dessen Alabastergrabmal den Verstorbenen in zweifacher Weise präsentiert: oben in voller Blüte und unten von Alabaster-Würmern zerfressen. Zum anderen finden sich hier die unter einer schlichten Steinplatte verborgenen Särge des Feldmarschalls von Hindenburg, der nebst Gattin nach dem Zweiten Weltkrieg vom Ehrenmal in Tannenberg ausgerechnet ins rote Marburg verlegt wurde.

 F 75 min; Wi 105 min; Fu 75 min; Ka 75 min; Gi 30 min; Da 105 min.

Die Frankfurter Paulskirche
Die Demokratische

Johannes Grützkes Karikatur der Volksvertreter, die kreisförmig um den Zentralbau herum gemalt ist, erinnert an die ersten Proben deutscher Demokratie 1848/49, als in dieser klassizistisch-nüchternen Kirche die Deutsche Nationalversammlung tagte. Schon früh ließ sich der protestantisch-strenge Bau mit Rotunde und quadratischem Kirchturm ohne großen Aufwand profanisieren und dient entsprechend noch heute – als eine der wenigen Kirchengebäude – als Ausstellungs-, Versammlungs- und Festraum. Ursprünglich als eine der protestantischen Hauptkirchen Frankfurts 1787 geplant, verzögerten sich Bau und Entwurf, die Kirchenträger verloren allmählich das Interesse. Nach ihrem Wiederaufbau 1948 wurde auf jeden weiteren kichlichen Segen verzichtet – gedacht war die Paulskirche nun als Sitz des neuen deutschen Parlaments, was ihr freilich versagt blieb. Der Parlamentssaal entfaltet seine ganze Feierlichkeit heute etwa bei der jährlichen Verleihung des Friedenspreises des Deutschen Buchhandels. Im vollbesetzten Saal sitzen dann jene schwarzbefrackte Herren, die auf Grützkes Gemälde immer an der Wand entlang laufen.

 Wi 30 min; Fu 75 min; Ka 120 min; Gi 45 min; Da 30 min.

Klosterkirche Lippoldsberg
Die Standhafte

Im äußersten Norden Hessens steht eine der besterhaltensten und bedeutendsten romanischen Kirchen in Deutschland. So schlicht und gliederungslos die ehemalige Klosterkirche St. Georg und Maria von außen auch wirkt, die kühle Strenge des Innenraums, der herbe, gedrungene und doch Weite signalisierende Chor spricht Bände über die Bau- und Denkart Mitte des 12. Jahrhunderts. Auch wenn die Kirche im Zuge der Reformation säkularisiert wurde und dem Land Hessen zufiel: Seine Bedeutung als mittelalterliches Zentrum für die Mainzer Erzbischöfe spiegelt sich in der Präzision der schlichten Bauform der ehemaligen Nonnenklosterkirche wider. Besonders modern und auch auf heutige Ästhetik wieder übertragbar sind die zurückhaltende Ornamentik und die unfigürlichen, beinahe abstrakt wirkenden Steinarbeiten. Die Idee der Schlichtheit spätprotestantischer Kirchenkultur hat sich in diesem vorreformatorisch erhaltenen Bau eindrucksvoll erhalten: Ihre Säkularisation ersparte der Kirche einen wilden, für gewöhnlich architektonisch geführten Glaubenskampf.

 F 75 min; Wi 105 min; Fu 90 min; Ka 75 min; Gi 30 min; Da 105 min.

Wir machen 3-Sterne-Küchen

für 3-Sterne-Köche -

und für ambitionierte Köche

aus Leidenschaft.

küchen+ideen
re-ell GmbH

Frankfurt, Berliner Str. 29, Tel. 069/282685
Gießen, Frankfurter Str. 12, Tel. 0641/73o1o
Wir planen, beraten, verkaufen. Und wir bauen unsere Küchen perfekt ein.

Ortsregister

Abterode/Meißner Grube Gustav, Seite 63
Amöneburg Die Bonifatius Quelle, Seite 11
Aulhausen bei Rüdesheim Wandern am Rhein, Seite 20
Bad Homburg Golfomat in der Taunustherme, Seite 31
    Laternenfest, Seite 59
    Radtour im südlichen Hochtaunus, Seite 25
    Spielbank, Seite 14
    Taunustherme, Seite 45
Bad Nauheim Usa-Wellenbad, Seite 45
Bad Schwalbach Aufstieg zur Burg Hohenstein, Seite 19
    Radtour durch den Naturpark Rheingau, Seite 24
Bad Vilbel Rollski, Seite 32
Bebra Bootstour auf der Fulda von Bebra nach Rotenburg, Seite 38
Bensheim-Auerbach Landgasthof Blauer Aff', Seite 73
    Parkhotel Herrenhaus im Fürstenlager, Seite 73
    Weinkellerei Tobias Georg Seitz, Seite 78
Braunfels Gespensterpicknick, Seite 50
Büdingen Stadtanlage, Seite 14
Cölbe/Schönstadt Ballonfahren, Seite 30
Cornberg-Rockensüß Die Doline Rockensüß, Seite 10
Darmstadt Die Märchenerzählerin Ute Helbig, Seite 54
    Heinerfest, Seite 56
    Hessisches Landesmuseum, Seite 93
    Museum Mathildenhöhe, Seite 91
    -Arheiligen Badesee Arheilger Mühlchen, Seite 41
Dautphe Radtour durch das Dautphe-Lahn- und Perftal, Seite 27
Dietesheim/Steinbrüche Öko-Picknick, Seite 50
Dillenburg Radtour über die Struth, Seite 27
Dreieich-Götzenhain Landgasthof Gut Neuhof, Seite 75
Eberbach Kloster Eberbach, Seite 95
Ederbergland/Sackpfeife Skifahren, Seite 32
Eltville im Rheingau Landgasthof Hof Bechtermünz, Seite 72
    Weingut Diefenhardt, Seite 76
    Weingut Eberhard Ritter und Edler von Oetinger, Seite 78
Eppstein Burgfestspiele Eppstein, Seite 89
Erfelden Bootstour auf dem Erfeldener Altrhein, Seite 37
Eschbach Eschbacher Klippen, Seite 20
Eschwege Bootstour von Eschwege nach Witzenhausen, Seite 39
Eulbach Der Englische Garten im Odenwald, Seite 8
Feldberg/Taunus Auf dem Pfad der Römer, Seite 18
Fernwald-Annerod Restaurant Anneröder Mühlchen, Seite 71
Fischbachtal im Odenwald Restaurant Landhaus Baur, Seite 70
Frankenau im Ederbergland Picknick mit dem Planwagen, Seite 49
Frankfurt Apfelkelterei Possmann, Seite 62

Ballett Frankfurt, Seite 87
Das Freie Theaterhaus, Seite 54
Deutsch-Amerikanisches Volksfest, Seite 58
Die Schmiere, Seite 89
Diskothek Omen, Seite 83
Diskothek Sky Fantasy, Seite 83
Diskothek Techno Club im Dorian Gray, Seite 83
Europaturm, Seite 14
Franfurter Allgemeine Zeitung, Seite 62
Frankfurter Dom, Seite 96
Flughafen, Seite 61
Hessischer Rundfunk, Seite 60
Kammeroper, Seite 88
Museum für Moderne Kunst, Seite 91
Museumsufer, Seite 92
Museumsuferfest, Seite 58
Musikclub Batschkapp, Seite 84
Musikclub Jazzkeller, Seite 84
Musikclub Sinkkasten, Seite 85
Paulskirche, Seite 97
Picknick in der Luft, Seite 50
Rebstockbad, Seite 46
Restaurant Humperdinck, Seite 69
Römerberg und Umgebung, Seite 13
Theater am Turm, Seite 86
Varieté Tigerpalast, Seite 87
Wäldchestag, Seite 56
Zoologischer Garten, Seite 54
-Höchst Farbwerke Höchst, Seite 62
    Höchster Schloßfest, Seite 57
-Niederrad Reitanlage Waldfried, Seite 32
Freiensee Champignonzucht, Seite 10
Friedberg Friedberger Altstadtfest, Seite 58
Fritzlar Fritzlarer Dom, Seite 95
Fulda Fuldaer Dom, Seite 96
Fürth-Steinbach Landgasthof Zum Rebstock, Seite 74
Geisenheim Weingut Freiherr von Zwierlein, Seite 79
    -Johannisberg Winzergenossenschaft Johannisberg, Seite 80
Giebringhausen Der Diemelsee für Mountainbikers, Seite 26
Gieselwerder Miniaturpark, Seite 52
Ginsheim Bootstour auf dem Ginsheimer Altrhein, Seite 36
Grävenwiesbach Radtour durch den nördlichen Hochtaunus, Seite 22
Grebenstein bei Kassel Landgasthof Zur Deutschen Eiche, Seite 74
Großkrotzenburg Großkrotzenburger See, Seite 42
Hanau Birkensee, Seite 41
Hanau/Wilhelmsbad Nostalgie-Picknick, Seite 49
Hattenheim im Rheingau Restaurant Kronenschlößchen, Seite 68
Heimarshausen Wanderung zum Riesenstein, Seite 18
Hirschhagen Bunker in Hirschhagen, Seite 11
Hirschhorn Schloßhotel Hirschhorn, Seite 66
Hochheim Hochheimer Weinfest, Seite 57
    Städtisches Weingut, Seite 81
    Weingut Franz Künstler, Seite 80

Hofgeismar Dornröschenschloß Sababurg, Seite 65
    Wandern im Urwald Sababurg, Seite 16
Hohenstein Hotel-Restaurant Burg Hohenstein, Seite 66
Hoher Meißner Skisprungschanzen, Seite 30
Immenhausen Glashütte Süsmuth, Seite 62
Inheiden Segeln auf dem Trais-Horloffer See, Seite 39
Kassel Deutsches Tapetenmuseum, Seite 92
    Diskothek World, Seite 83
    documenta, Seite 12
    Kurhessen Therme, Seite 44
    Neue Galerie, Seite 93
    Restaurant Landhaus Meister, Seite 71
    Tandem-Fallschirmspringen, Seite 28
    Volkswagen-Werk, Seite 63
Königstein Kurbad, Seite 47
    Landgasthof Rote Mühle, Seite 74
Kronberg Opelzoo, Seite 53
    Schloßhotel Kronberg, Seite 64
Kubach Kubacher Kristallhöhle, Seite 9
Künzell Rhön Therme, Seite 47
Langen Badesee Langen-Mörfelden, Seite 43
    Windsurfen am Waldsee, Seite 30
Laubach Picknick-Wanderung, Seite 48
Lauterbach Hallen-Wellen-Brandungsbad, Seite 46
    Wandern durch den Vogelsberg, Seite 19
Lich Albacher Teich, Seite 42
    Licher Brauerei, Seite 62
Limburg Diezer See, Seite 40
    Limburger Dom, Seite 94
Lippoldsberg Klosterkirche, Seite 97
Löhnberg im Westerwald Radtour durch den Westerwald, Seite 24
Lohfelden bei Kassel Kutschen und Wagenmuseum, Seite 91
Lorch im Rheingau Landgasthof Weingut Paul Laquai, Seite 73
    Weingut Graf von Kanitz, Seite 78
Mainflingen Badesee Mainflingen, Seite 42
Maintal-Dörnigheim Restaurant Hessler, Seite 70
Marburg Elisabethenkirche, Seite 97
    Kindheitsmuseum, Seite 92
    Musikclub KFZ, Seite 84
    Musikclub Cavete, Seite 85
    Schloß, Seite 14
Theaterwerkstatt Marburg im TNT, Seite 88
Mühlheim a. Main Gerdas kleine Weltbühne, Seite 88
Mühlheim-Lämmerspiel Restaurant Landhaus Waitz, Seite 71
Neu-Anspach Der Hessenpark, Seite 10
Nieder-Moos im Vogelsberg Nieder-Mooser Teich, Seite 43
Oberbiel Bootstour auf der Lahn bei Odenthal, Seite 37
Ober Waroldern/Rudolfshagen Ameisen im Rudolfshagen, Seite 16
Oestrich-Winkel Restaurant Graues Haus, Seite 71
    Weinprobe im Schloß Vollrads, Seite 79
Ortenberg Theater Fresche Keller, Seite 88
-Selters Landgasthof Restaurant Lenz, Seite 74

Pfungstadt Wellen- und Freibad, Seite 47
Rainrod Surfen auf der Niddatalsperre, Seite 39
Reichenbach im Odenwald Wandern durch das Felsenmeer, Seite 18
Rosenthal Radtour durch den Burgwald, Seite 26
Rüdesheim Der Rhein im Feuerzauber, Seite 59
    Drosselgasse und Germania, Seite 13
    Ferien mit Ponys auf dem Landgut Ebental, Seite 54
    Gutsschänke Schloß Groenesteyn, Seite 79
    Hotel Jagdschloß Niederwald, Seite 66
    Schiffahrt von Frankfurt nach Rüdesheim, Seite 39
    Winzerexpreß, Seite 51
-Assmannshausen Restaurant Krone, Seite 70
Rüsselsheim Opel Werke, Seite 61
    Stadtmuseum, Seite 93
Salzböden Kinderreich Salzböden, Seite 54
    Landgasthof Schmelzmühle, Seite 75
Seligenstadt Mit dem Schiff von Frankfurt nach Seligenstadt, Seite 38
Schlangenbad Taunus-Wunderland, Seite 53
Schotten Golfclub Schotten, Seite 31
    Italienische Idylle, Seite 10
    Vogelsberg, Seite 14
-Hoherodskopf Picknicken an der Sommerrodelbahn, Seite 51
Spangenberg Hotel Schloß Spangenberg, Seite 67
Steinau Deutsche Märchenstraße, Seite 13
    Märchenbad Steinau, Seite 53
Staufenberg Hotel Burg Staufenberg, Seite 67
Taunusstein Drachenfliegen, Seite 28
Trendelburg Burghotel Trendelburg, Seite 67
Vockerode Naturpark Meißner-Kaufunger Wald, Seite 9
Waldeck am Edersee Edersee, Seite 42
    Hotel Schloß Waldeck, Seite 66
    Radtour rund um den Edersee, Seite 25
Wehrheim im Taunus Freizeitpark Lochmühle, Seite 52
Weilburg Bootstour auf der Lahn von Weilburg bis Runkel, Seite 37
    Picknick auf der Lahn, Seite 51
    Schloßhotel Weilburg, Seite 65
Weiterstadt Steinrodsee, Seite 43
Wetterfeld Wetterfelder Fischzucht, Seite 48
Wetzlar Wetzlarer Dom, Seite 94
    Radtour durch den Schöffengrund, Seite 24
Wiesbaden Das Theatrium, Seite 59
    Diskothek No Order & Basement, Seite 84
    Griechische Kapelle, Seite 96
    Groschenoper, Seite 89
    Kaiser-Friedrich-Bad, Seite 46
    Kurpark und Umgebung, Seite 12
    Museum Fluxeum, Seite 92
    Räuberhöhle im Nerotal, Seite 11
    Restaurant Orangerie, Seite 70
Willingen Lagunenbad, Seite 46
Witzenhausen Wanderung um Witzenhausen, Seite 17

IMPRESSUM

HESSEN VOM BESTEN - JOURNAL FRANKFURT EDITION 1991/92 **Herausgeber:** Jan-Peter Eichhorn, Gerhard Krauß **Verlag und Redaktion:** Presse Verlagsgesellschaft für Zeitschriften und neue Medien mbH, Ludwigstraße 37, 6000 Frankfurt/Main 1, Tel. 069/ 756181-0, Telefax: 069/ 756181-91 **Projektleitung:** Arnd Wesemann **Redaktionsassistenz:** Petra Spahn **Grafik:** Jann-Simone Zollna **Autoren:** Johannes Bröckers, Frank Gotta, Birgit Hamm, Petra Hardt, Norbert Krampf, Dorothea Lauen, Carmen Mehnert, Martin Orth, Manfred Schiefer, Elisabeth Schneider, Peter Schneider, Gerald Siegmund **Fotografie:** Burkhard Brandenburger, Hanns-Christoph Eisenhardt, Oliver Kaiser, Ullrich Knapp, Ulli Kollenberg, Falk Orth, Jan-Erik Posth **Satz:** Gerald Schröder, Rainer Terkowsky, Ute Krimmel **Repro:** Michael Hazkiahu, Ronny Schmid **Farblithos:** Fotoprint Janke, Frankfurt **Druck:** Pfälzische Verlagsanstalt, Landau **Marketingleitung:** Joachim Schmidt **Vertriebsleitung:** Christian Jurasz **Vertrieb Buchhandel:** BGH/Sales Bodo Horn **Anzeigenleitung:** Friedhelm Döhmen Tel. 069/ 756181-24, Dietmar Lüning Tel. 069/ 756181-22 Nachdruck - auch auszugsweise - nur mit schriftlicher Genehmigung der Presse Verlagsgesellschaft mbH. Alle Urheberrechte beim Verlag.

Copyright: Presse Verlagsgesellschaft mbH 1991
ISBN 3-928789-00-7